BOB SORGE

DEUS AINDA ESTÁ ESCREVENDO A SUA HISTÓRIA

Sorge, Bob
   Deus Ainda Está Escrenvendo a sua História / Bob Sorge; [tradução de Catia Baker]. Curitiba, PR : Editora Atos, 2021.
   14 cm x 21 cm – 160 p.
   Título original: *God's Still Writing Your Story*
   ISBN: 978-65-994391-3-1
   1. Vida cristã   2. Experiência religiosa   I. Título.

CDD: 248

Copyright© by Bob Sorge
Copyright©2021 por Editora Atos
Todos os direitos reservados

Coordenação editorial: Manoel Menezes
Capa: Leandro Schuques
Primeira edição em português: 2021

Nenhuma parte deste livro pode ser reproduzida, arquivada ou transmitida por qualquer meio – eletrônico, mecânico, fotocópias, etc. – sem a devida permissão dos editores, podendo ser usada apenas para citações breves.

Os textos bíblicos mencionados neste livro são da versão **Almeida Clássica Corrigida**.

Publicado com a devida autorização e com todos os direitos reservados pela EDITORA ATOS LTDA.

www.editoraatos.com.br

Encontre Bob em:
oasishouse.com
twitter.com/BOBSORGE
Facebook.com/BobSorgeMinistry
Blog: bobsorge.com
No Youtube.com, "Bob Sorge Channel"
Instagram: bob.sorge

Ao André & Kelly Spyker

Eu dedico este livro à encantadora história que Deus está escrevendo com as nossas vidas. Seus pais foram diante de vocês, abrindo o caminho, e vocês dois disseram sim ao chamado de Deus. Quando nossos caminhos se cruzaram pela primeira vez, vocês estavam namorando. Agora, vocês têm três filhos e uma tremenda esfera de influência no México e no mundo. O que Deus está fazendo com vocês tem tudo a ver com seus pais, e mais ainda com seus filhos. É um legado vivo para o México ler e seguir (Hb 13.7). Estamos ansiosos para assistir como Deus levará a bom termo e completará a história de vocês. Que Ele possa lhes dar um lugar na grande nuvem de testemunhas.

Sumário

Parte 1: Os Elementos da História
Suspense, Intriga, Aventura e Romance

1 O Poder da História _____ 9
2 O Rei do Drama _____ 16
3 Jesus, o Autor e Consumador _____ 23
4 Alfa e Ômega _____ 29
5 Desenvolvimento do Enredo _____ 35
6 O Poder da Perspectiva _____ 44

Parte 2: Permaneça na História
Fé, Resistência, Dependência, Transformação

7 Ensinado por Saul _____ 53
8 O Conselho de Davi sobre a Espera _____ 58
9 Movimentos Repentinos para Frente _____ 66
10 O Versículo Mais Difícil da Bíblia _____ 78
11 A Fé Inabalável de Abraão _____ 83

Parte 3: Uma História de Proporções Bíblicas
Traição, Perda, Trevas, Ressurreição

12 A Pessoa Mais Mencionada _____ 93
13 Dois Irmãos _____ 96
14 O Voto de Betel _____ 106
15 Peniel _____ 109
16 Paternidade Espiritual _____ 115

17 O Altar em Siquém _____ 122
18 Perdendo José _____ 124
19 Minha História do Beisebol _____ 137

Apêndice – Lições da Vida de Jacó_____ 149

Parte 1:
Os Elementos da História

SUSPENSE, INTRIGA, AVENTURA E
ROMANCE

O Poder da História

Capítulo 1

Eles se sentaram fascinados no escuro, respirando com muita dificuldade. Alguns estavam ocasionalmente beliscando pipoca enquanto muitos apenas olhando. A tela os havia transportado para uma nova realidade. Deixados para trás foi o bum, o mundano, o cotidiano, eles foram arrastados para um mundo de entusiasmo, aventura, intriga e romance.

Eles entraram no cinema como indivíduos com atitudes indiferentes. Mas agora eles eram um, um grupo movido e influenciado pelo drama, atentos e interessados. Raiva, alegria, amor, ódio, medo e entusiasmo – uma multidão de emoções estava sendo juntamente compartilhada à medida que o público se tornava um com a tela. Eles riam e choravam à medida que iam a lugares nunca antes percorridos. As coisas estavam como deveriam estar, os erros foram consertados, o mal foi punido, a justiça foi servida, a lealdade foi recompensada, o amor compartilhado e o impossível foi vencido.

Eles tinham vindo, não para escapar da vida mas para experimentá-la. Colocados acima da insignificância, eles eram agora elevados a algo maior. Algo pelo qual seus espíritos ansiavam. A vida estava brotando para um novo sentido na segurança de seus assentos.

Hollywood capturou o poder da história. A audiência se identificou com o filme, se localizaram na história, e se conectaram com seu significado.

Muito antes de Hollywood, Jesus capturou o poder da história. Como no caso em questão: Jesus curou um homem endemoninhado, que depois quis segui-lo. Ao invés de permitir, Jesus disse para ele ficar em casa e contar para seus amigos o que Deus havia feito por ele (veja Mc 5.1-20).

Muito embora as pessoas da região inicialmente tivessem rejeitado Jesus, Ele sabia que seus corações mudariam simplesmente pelo poder da Sua história.

Deus sempre usa histórias para transmitir Sua mensagem ao mundo. Grande parte da Bíblia são narrativas. As Escrituras usam as histórias de personagens bíblicos para inspirar pessoas por séculos. É por isso que Deus também está escrevendo uma história com a sua vida. Como um roteirista magistral, Ele está criando sua jornada de tal forma que quando você contá-la, outros serão renovados na fé.

Algumas vezes a vida se torna tão mundana e nossas rotinas aparentemente intermináveis que perdemos a perspectiva do nosso caminho. Então, eu estou pedindo para Deus usar este livro para fortalecer sua ligação com o propósito divino na sua jornada. Você não pegou a saída errada, Deus continua escrevendo a sua história. Ele está com você o tempo todo – mesmo nas estações secas – escrevendo uma história fascinante na cronologia da sua vida. Você continua na história e Ele o acompanhará até o fim.

Solicitação de Visto

Aqueles que escrevem histórias têm a habilidade, através do poder de sua arte, de formar valores e convicções de nações e gerações.

Eu fui recordado desta verdade enquanto estava solicitando um visto de turista. Convidado a ensinar numa nação onde cristãos são frequentemente perseguidos por sua fé, eu precisava solicitar um visto de uma forma que não revelasse a natureza religiosa da minha missão. No processo de completar a solicitação, eu cheguei na linha em que tinha que descrever minha ocupação. Eu sabia instintivamente que não deveria indicar que eu era um pregador do Evangelho. Autor – isso parecia inócuo o suficiente para mim. Então foi isso que eu escrevi, e enviei a solicitação para a agência americana que me ajuda com as minhas solicitações de vistos.

Alguns dias depois, uma representante da agência ligou dizendo que se eu colocasse *autor* na solicitação, seria automaticamente negada. Aquele governo, eles nos informaram, não quer nem autores nem advogados visitando a sua nação.

Eu pensei que autor fosse uma ocupação neutra e fiquei inicialmente surpreso ao descobrir que eles a reconheciam como algo perigoso. Mas, ao refletir, fez sentido. Histórias são catalisadoras, e podem oferecer um risco para governos opressores que não querem que as pessoas pensem por si mesmas ou que formem crenças politicamente incorretas. Autores têm o poder, através da história, de formar os ideais e princípios da Terra.

Essa troca com a agência de visto elevou minha consciência do poder que reside em ter uma boa história e compartilhá-la com mais alguém.

Histórias Facilitam

Uma razão pela qual histórias são tão poderosas é porque elas têm uma forma de ultrapassar as defesas das pessoas e ganhar seus corações.

Foi isso que aconteceu quando a igreja do Novo Testamento se deparou com o que foi talvez a questão teológica mais espinhosa que eles tiveram que lidar. Foi o problema dos gentios. Como os gentios poderiam ser inclusos na igreja de Jesus Cristo? Os judeus tinham tanto uma teologia anti-gentílica como sentimentos anti-gentílicos. Qualquer pessoa que insinuasse aceitação aos gentios seria atingida por uma explosão de antagonismo e hostilidade.

Você pode ver as emoções voláteis que ferviam à superfície quando esse assunto vinha à tona.

Os apóstolos e os irmãos na Judeia ouviram que também os gentios tinham recebido a palavra de Deus. Subindo Pedro a Jerusalém, disputavam com ele os que eram da circuncisão, dizendo: Entraste na casa de homens incircuncisos e comeste com eles. (At 11.1-3)

Alguns dos crentes judeus em Jerusalém tiveram problemas doutrinários com o fato de que Pedro comeu com os gentios incircuncisos. Eles eram convictos de que gentios incircuncisos não tinham lugar na comunidade da aliança de Deus. Deus sabia que antes que os crentes judeus pudessem aceitar os gentios como semelhantes na fé, eles precisariam de ajuda para mudar suas duras posições neste assunto tão polêmico. Como Deus poderia ajudá-los a realizar uma transição tão grande?

Uma opção foi dar a Pedro uma revelação sobrenatural das Escrituras sobre o assunto, e depois Pedro poderia conduzir um simpósio didático em Jerusalém para todos os judeus. Se ele liderasse um estudo exaustivo de três semanas, possivelmente conseguiria trazer os principais protagonistas a bordo, e dali em diante, a grande embarcação provavelmente começaria a se voltar lentamente para os gentios.

Ao invés disso, foi como se Deus dissesse, "Vamos deixar mais fácil para eles. Vamos ajudá-los. Vamos dar isto pra eles numa história." Ao resumir numa história, Deus ultrapassou toda a disputa e as objeções teológicas que indubitavelmente teriam ocorrido.

Então, quando Pedro foi abordado pelos crentes judeus em Jerusalém sobre comer com homens incircuncisos, ele simplesmente contou sua história.

Mas Pedro começou a fazer-lhes uma exposição ordenada, dizendo: Enquanto eu estava orando na cidade de Jope, tive, num arrebatamento de sentidos, uma visão; vi um vaso, como um grande lençol, que descia do céu para a terra. (At 11.4-5)

Daí em diante, ele passou a contar como a voz do céu lhe disse para não chamar de impuro ao que Deus purificou. Depois os três homens chegaram, e Pedro foi com eles para Cesareia. Enquanto pregava aos gentios ali, de repente o Espírito Santo desceu sobre eles e todos começaram a falar em línguas e declarar as maravilhas de Deus.

Pedro não contou a versão de Cornélio da narrativa (que temos em Atos 10). Na verdade, ele nem sequer mencionou o nome do Cornélio. Simplesmente contou o relato como ele mesmo experimentou. Ele sabia que a história não convenceria ninguém se contasse a versão de Cornélio; só teria credibilidade se contasse o seu lado da história.

Como os crentes judeus responderam? Incrivelmente rápido.

Ouvindo estas palavras, eles apaziguaram-se e glorificaram a Deus, dizendo: Deus concedeu também aos gentios o arrependimento para a vida. (At 11.18)

Vinte minutos de história fez mais para ganhar seus corações do que três semanas de intenso debate.

Aqui está o poder da história: ela ultrapassa as defesas e derrete a resistência. E é por isso que Deus te dará uma história para contar. Ela pode abrandar céticos antagonistas e ganhá-los para o amor e sabedoria de Deus.

Histórias também têm o poder de convencer as pessoas de maneira que o simples ensino didático nem sempre consegue realizar. Vemos isso na vida do apóstolo Paulo.

O Encontro de Paulo na Estrada de Damasco

Paulo (naquele tempo chamado Saulo) fez sua rota para Damasco para prender aqueles que criam em Cristo e levá-los de volta para Jerusalém. Não havia nada de incomum sobre aquele dia, ele estava apenas fazendo seu trabalho. À medida em que ele se aproximava da cidade, era como se Jesus dissesse, "Saulo, se prepare. Vou te dar uma boa história."

Verdadeiramente, o encontro de Paulo na estrada de Damasco tinha todos os ingredientes de uma história excelente. Ele foi lançado por terra, contemplando a face de Cristo, e teve uma conversa audível com Jesus.

A luz foi tão forte que Paulo ficou cego e precisou que outros o conduzissem pela mão. Aqueles que estavam com ele viram a luz, mas não puderam ver o Senhor nem discernir Suas palavras. Por três dias e três noites ele não comeu nem bebeu. Depois, como que escamas caíram dos seus olhos, sua visão foi miraculosamente restaurada. Ele foi cheio do Espírito Santo, batizado nas águas, e comissionado como um mensageiro apostólico para os gentios.

A história inteira é muito contundente!

E quando você acompanha o ministério de Paulo no livro de Atos, você o encontra contando sua experiência várias e várias vezes. Por quê? Porque há poder numa boa história.

A história de Paulo na estrada de Damasco teve o tipo de poder que capacitou aqueles que não conseguiriam entender a mensagem do evangelho a ter algo do reino na palma de suas mãos e a tomar posse do seu destino eterno. Onde os princípios do evangelho não penetraram, o deslumbrante roteiro de um episódio verdadeiro pôde penetrar as trevas e alcançar um coração necessitado.

Deus ainda faz o mesmo hoje. Ele escreve histórias com as nossas vidas que têm tanto poder em si mesmas que os indivíduos conseguem obter um entendimento acerca do evangelho. Um caminho é aberto para aqueles que não conseguiriam de outra forma encontrar o caminho.

O que precisamos hoje, mais do que nunca, são homens e mulheres com histórias em Deus que sejam tão convincentes que mudarão destinos eternos.

É interessante acompanhar como Paulo usou seu testemunho. Sempre que ele se encontrava diante de um público particularmente difícil, ele fazia uso de sua história da estrada de Damasco. Por quê? Porque ela tinha poder para neutralizar a hostilidade e ganhar os corações dos céticos.

Jesus, escreve uma história com o mesmo calibre da história de Damasco com a minha vida.

O Rei do Drama

Capítulo 2

Deus escreve com um ímpeto literário. Seu estilo de escrita vai deixar você com uma história com o mesmo calibre da história de Damasco.

Eu descobri algo sobre Deus: Ele tem um dom para o dramático. Se houver uma escolha entre o branco e preto e o colorido, Ele escolhe o arco-íris. Deus não fica na faixa central; ele se diverte com os despenhadeiros. Suas sinfonias até podem começar com a serenidade de cordas suaves, mas antes que elas terminem, os tímpanos captam um som estrondoso.

Ele é o Rei do drama.

Apenas para o Drama

Há coisas que Deus faz simplesmente para um efeito dramático. Deixe-me apontar alguns poucos exemplos bíblicos, iniciando com o êxodo do Egito. Deus poderia ter extinguido Faraó em um instante e pacificamente conduzido seu povo para fora do Egito. Mas esta opinião não satisfez seu desejo por uma festa. Seria muito chato. O próprio Deus falou explicitamente para Faraó.

> *Porque agora tenho estendido a mão para ferir a ti e ao teu povo com pestilência e para que sejas destruído da terra. Mas deveras para isto te mantive, para mostrar meu poder em ti e para que meu nome seja anunciado em toda a terra. (Êx 9.15-16)*

Deus estava dizendo para Faraó, "Eu não irei extinguir você com um golpe mortal. Eu vou abater você de novo, e de novo e de novo. A cada golpe a intensidade aumentará, até que a coisa toda alcance o ápice do suspense. E então, quando eu libertar o Meu povo, Meu nome será glorificado em toda a terra."

Que drama sinfônico! Não apenas uma, duas ou três – mas dez pragas devastadoras explodiram o Egito, deixando a nação num caos. Finalmente, Faraó deixou o povo de Deus ir, apenas para mudar de ideia de novo e persegui-los até o mar. Toda essa penosa experiência é incompreensivelmente dramática. E que clímax fantástico para aquele local! O Mar Vermelho cobriu Faraó e o seu exército, reduzindo-os a cadáveres inchados na praia.

Não há como escapar, Deus gosta de fazer grandes espetáculos que culminam em demonstrações magníficas de Sua poderosa salvação. Quando termina, todo o mundo experimenta a glória de Deus.

Veja outro exemplo: Pedro na prisão (At 12). Ele estava encarcerado na prisão de Herodes por alguns dias, mas veja quando Deus finalmente decidiu libertá-lo: na última noite antes da sua execução agendada. Deus poderia tê-lo libertado dias antes, mas esperou até o último momento. Por quê? Para aumentar o suspense.

Por que Ele é o Deus do último minuto? Por que Ele espera para intervir até que a tensão se torne gigantesca? Por que Ele espera até "o romper da manhã" (Sl 46.5) para ajudar Seu povo?

Você gostaria de outro exemplo de Deus apenas sendo dramático? Veja o momento em que Ele libertou Paulo e Silas da prisão em Filipos (At 16). Deus assistiu enquanto eles estavam sendo sanguinariamente açoitados e depois lançados no cárcere. Ele assistiu quando as horas foram passando, e Paulo e Silas não tinham mais nada para fazer a não ser cantar e orar. Então, à meia noite, BOOM, aconteceu um terremoto, todas as portas da prisão abriram-se completamente, e as algemas caíram de todos os presos. O carcereiro e toda a sua casa foram salvos, e uma igreja nasceu.

À primeira vista, parece que Deus libertou Paulo e Silas porque Ele os queria livres para continuar sua missão apostólica. Mas quando você vê a história mais de perto, percebe que eles iriam ser soltos na manhã seguinte de qualquer forma. Então, por que Deus enviou um terremoto e soltou todos os presos? Simplesmente para o drama. Eles teriam sido soltos na manhã, mas Deus não queria que terminasse tão silenciosamente. Ele está na história. Ele ama escrever dramas que sacodem cidades, transformam famílias, e glorificam o Seu grande nome.

Os caminhos de Deus são dramáticos tanto com o justo como com o injusto. Deus conduz os justos através de grande dificuldade para promovê-los de uma forma dramática. Mas Ele faz o oposto com o ímpio. Ele os estabelece de antemão para que a devastação do seu último estado seja ainda mais dramática.

Hamã é um rico exemplo. Ele foi exaltado a tal lugar de destaque no reino que somente ele foi convidado para um banquete com o rei e a rainha – duas vezes. Aquele ápice de honra se tornou o cenário para a desgraça da sua morte: Ele foi pendurado na mesma noite na sua própria forca. Ele foi de uma confraternização para um enforcamento em minutos. Assim,

Hamã foi abatido como o Salmo 92.7 anunciou: "Ainda que os ímpios brotem como a erva, e floresçam todos os que praticam a iniquidade, serão destruídos perpetuamente." Deus propositalmente exalta o ímpio para que a calamidade da sua queda seja bem maior.

Em relação ao confronto no Monte Carmelo entre Elias e os profetas de Baal, Lou Engle observou que Deus está sempre buscando estabelecer um confronto.

É por isso que Salomão escreveu:

Bendito seja o SENHOR Deus, o Deus de Israel, pois só ele faz maravilhas. (Sl 72.18)

É tudo o que Deus faz – coisas maravilhosas. Se não for maravilhosa, não foi Ele que fez. E se Ele fez, isto nos deixa maravilhados e boquiabertos.

Não há nada mais dramático, com certeza, em toda a Escritura, do que os açoites, a crucificação, a morte, o sepultamento, a descida, a ressurreição e a ascensão de Cristo. Nossa salvação gira em torno do drama. A extremidade e o horror da cruz fazem a glória da nossa salvação se sobressair com brilho deslumbrante.

Eu amo o fato de que servimos a um Deus tão dramático! Ele pode até orquestrar ao extremo a nossa humilhação, mas é para que a glória da nossa exaltação final brilhe ainda mais.

Elementos da História

Histórias apaixonantes geralmente possuem um protagonista (do grego, "alguém que faz a primeira parte"), o qual é o personagem principal e que está em conflito com um antagonista.

O antagonista pode ser uma pessoa sinistra, um desafio muito alto, ou até algo dentro do próprio protagonista que deve ser vencido. A história segue o protagonista à medida que ele ou ela envereda na busca pela serenidade e realização.

A maioria dos protagonistas das histórias bíblicas é apresentada com um desafio aparentemente intransponível que dever ser vencido, ou com perdas irreparáveis, às quais nenhuma recuperação parece possível.

As vidas de muitos personagens bíblicos seguem esse roteiro geral. A jornada de José, por exemplo, iniciou-se com o trauma de ser vendido como escravo. Davi entrou em cena, matando Golias. Jó foi mergulhado numa crise através de uma série bizarra de eventos devastadores do mesmo dia. Nós conhecemos Jonas porque ele foi engolido por um peixe.

Um Lançamento Dramático

Como nos casos acima, o protagonista é frequentemente lançado ao modo crise através de um evento catalítico que de repente muda tudo, desencadeando uma jornada apaixonante. Histórias modernas são frequentemente formadas da mesma forma.

Eu me identifico com isso, pessoalmente, tendo sido lançado numa jornada inesperada em 1992 através de uma enfermidade física debilitante. Antes disso, eu não tinha consciência que minha vida era uma história se desenrolando. A lesão mudou tudo. Desde então, eu estou cada vez mais consciente de que estou vivendo uma história que foi divinamente iniciada e que ainda não terminou.

Angústia não é a única coisa que pode desencadear uma jornada, mas parece ser um meio comum que Deus usa. Quando a vida foge do controle, nós podemos ir numa aventura para encontrar o propósito de Deus naquilo.

A Bíblia pronuncia uma benção sobre aqueles que se encontram numa jornada: "Bem-aventurado o homem cuja força está em ti, em cujo coração estão os caminhos aplanados" (Sl 84.5). Oh, a bondade de Deus interrompe a segurança de nossa zona de conforto e nos desvia para um caminho que se torna uma narração divina! O próximo versículo diz que o peregrino do Salmo 84 faz uma "passagem pelo Vale de Baca". Baca significa choro ou lágrimas, então, inerente ao Vale de Baca metafórico é a imagem de sofrimento. Como alguém pode levar um peregrino para Sião sem passar pelo Vale da Lágrima?

"Vão indo de força em força; cada um deles em Sião aparece perante Deus" (Sl 84.7). Não importa como ou o que possa ter desencadeado a nossa peregrinação, todos nós estamos indo para o mesmo destino: Deus.

Essa peregrinação termina com uma audiência face a face, olhos nos olhos e coração a coração, com o Rei. "Cada um aparece diante de Deus" – a ousadia da afirmação é uma declaração profética sobre a sua vida: você vai conseguir! Mil vozes agressivas podem assaltar a sua mente, dizendo-lhe que tudo está perdido – mas a palavra que vive para sempre declara que você tem o seu dia com o Rei (veja Jó 19.26).

É por isso que o salmista continuou dizendo, "Porque vale mais um dia nos teus átrios do que, em outra parte, mil. Preferiria estar à porta da casa do meu Deus a habitar nas tendas da impiedade" (Sl 84.10). Uma audiência com o Rei em Suas cortes é melhor do que mil dias em qualquer outro lugar de Sua casa. Para dizer isso um pouco diferente, um dia de Glória é melhor do que mil dias na Presença. Eu amo o pátio exterior da Sua Presença, mas não fico satisfeito com a periferia. Eu quero ordenar o meu caminho para o pátio interior do Rei – para o ambiente de glória – para que eu possa contemplar Sua beleza e ouvir seu veredito sobre a minha causa.

Jó foi um homem que Deus lançou numa peregrinação do Salmo 84. O vale de Baca de Jó não fará sentido para você até que você o veja à luz do encontro arrepiante, chocante e de tirar o fôlego que ele teve com Deus e com Sua Glória. Jó clamou por apenas um dia no tribunal com Deus (Jó 23.3,4); porém, quando ele conseguiu, o que ele tinha para dizer? "Com meus ouvidos eu tinha ouvido falar acerca de ti, mas agora meus olhos te veem. Por isso, me abomino e me arrependo no pó e na cinza." (Jó 42.5,6). Sua visão de Deus mudou tudo.

Uma peregrinação no Salmo 84 resulta numa audiência com o Rei. Uma audiência com o Rei, por sua vez, muda tudo. Um encontro face a face com o Rei trará um desfecho dramático para o seu capítulo atual, e lhe introduzirá ao próximo.

Jesus, o Autor e Consumador
Capítulo 3

Jesus entende o poder da história. É por isso que Ele contou muitas delas. Ninguém nunca foi melhor nisso. Ele foi um mestre em contar histórias que tanto ilustravam a verdade como promoviam recordações.

A maior parte, se não todas, das histórias que Jesus contou foram criadas por Ele. Ele não apenas contou boas histórias, Ele criou boas histórias. Ele não foi apenas um excepcional *contador de histórias*, Ele foi o principal *contador de histórias*.

Em outras palavras, Ele não é apenas um narrador, Ele é um autor.

A Bíblia o chama de autor (1 Co 14.33, Hb 12.2). Ele é o autor da nossa salvação (Hb 5.9), o que explica o motivo da grande salvação. Ele a escreveu! E Sua caneta está criando uma grande história que chamamos de história humana (Ap 5.1). Com Jesus como o autor, não é de se admirar que a história seja muito cativante!

Ele também é o autor de livros. Livros reais e literários. Tome a Bíblia, por exemplo. A Bíblia O fez como autor *best-seller* de todos os tempos.

Porém, Ele não é limitado apenas a livros. Ele também cria histórias de peregrinações de homens e mulheres na Terra. A pena afiada deste autor e consumador molda a sua vida numa história única e fascinante. É isso que Paulo quis dizer quando falou, "vós sois a carta de Cristo" (2Co 3.3). Ele quis dizer que a sua vida é uma carta viva, escrita pela mão de Cristo através da agência do Espírito Santo, e destinada a ser lida por outros.

As pessoas podem considerar alguém como eu como um autor, mas eu não chego aos pés de Jesus Cristo – Ele escreve histórias com a vida das pessoas.

Quando você vive uma história, você obtém uma profunda propriedade da jornada. Cada desafio que você vence, deixa sua marca inesquecível em seu coração. Então, quando você fala a respeito, todo o seu ser irradia a história.

Você se torna a mensagem. A palavra é feita carne.

Quando você é a mensagem, você conduz as pessoas a níveis mais profundos. Por um lado, as lições que você tem aprendido iluminam a sua mente. Mas uma história de vida não apenas toca a mente, ela move o coração. É porque a jornada tem transformado profundamente quem você é. Quando conta a sua história, as pessoas não apenas experimentam uma mensagem, elas têm uma experiência com você.

Estudiosos mudam a mente. Eles dependem de suas pesquisas para influenciar o pensamento de seus ouvintes. Cartas vivas fazem mais – elas mudam o coração. É por isso que Deus o leva a uma jornada. Ele coloca uma mensagem dentro da fibra do seu ser para que você a conte com uma propriedade fervorosa. Deus quer que você fale da sua vida, não apenas da sua biblioteca.

Um Roteiro Divino

É necessária uma caligrafia extraordinária para escrever uma história com almas feridas, com falhas autodeterminadas. Formar galáxias? Fácil. Formar pessoas? Esse é um desafio só para Deus.

Nada no universo material – glorioso como é – compete com a glória que Deus libera para moldar as vidas dos seres humanos numa história de tirar o fôlego. Em outras palavras, Ele é mais interessado em você do que no universo. Suas maiores aspirações envolvem trazê-lo para a glória. Sua história está em Seu primeiro plano.

O universo é fácil, você – você é o desafio.

Quando Jesus é o autor, tudo o que é mundano e ordinário se torna parte de um roteiro sobrenatural. Hoje você pode ver somente o mundano; mas permaneça na história e um dia verá o sobrenatural que estava por trás de tudo. Deus ainda está completando a sua história. Ela ainda não terminou.

O alvo da sua história é fazer Deus – não você – parecer bem. Se sairmos impressionados com o seu zelo, dedicação e fé, teremos ficado com os ossos secos. Mas se sairmos impressionados com a graça e a misericórdia de Deus, fomos levados à árvore da vida.

O poder da sua história está na maneira que Deus interveio em sua vida. As pessoas querem saber como Deus se envolveu em sua jornada. Uma série de eventos naturais vividos somente no nível humano carrega pouco poder para cativar. O que toca o coração é quando nós ouvimos como Deus entrou na regularidade da vida cotidiana, encheu-a com o Seu poder e gerou um testemunho de Sua grandeza. As pessoas desejam ter certeza de que nós servimos um Deus que interrompe a história humana e nos impulsiona a dimensões sobrenaturais de uma aventura santa.

Um exército de homens e mulheres foram diante de nós para testemunhar exatamente isso – que Deus escreve contos sobrenaturais com pessoas comuns.

Uma Multidão de Testemunhas

A Bíblia é cheia de pessoas cujas vidas demonstram o poder da história. Estes santos foram descritos em Hb 12.1 como "uma nuvem de testemunhas". Quem exatamente está naquela nuvem? O capítulo anterior (Hb 11) menciona alguns deles pelo nome – grandes heróis da fé como Abraão, Sara, Jacó, José, Moisés, Gideão, Jefté, Samuel, Davi e outros. A nuvem não é limitada, entretanto, é composta de santos vencedores de todas as idades.

> *Portanto, nós também, que estamos rodeados de uma tão grande nuvem de testemunhas, deixemos todo embaraço e o pecado, que tão de perto nos rodeia, e corramos com paciência a carreira que nos está proposta, olhando para Jesus, autor e consumador da fé, o qual, pela alegria que lhe estava proposta, suportou a cruz, desprezando a afronta, e assentou-se à destra do trono de Deus. (Hb 12.1-2)*

Eu costumava pensar que as testemunhas da nuvem estavam olhando para nós dos camarotes do céu e dizendo, "Nós estamos te assistindo!" Mas agora eu percebo – elas não são testemunhas das nossas vidas; elas são testemunhas da graça de Cristo.

Elas dão testemunhos vivos da bondade e fidelidade de Jesus. A história de suas vidas testifica, "Ele é um Deus bom! Ele é um Deus fiel! Eu passei pelo fogo, pela chuva, pela inundação e pela tempestade, eu não conseguia ver meu caminho, e em alguns momentos eu temi pela minha sanidade. Mas eu me apeguei em Sua mão, e me agarrei à justiça. E Ele me fez passar! Ele me conduziu à vitória sobre meu inimigo, e completou a boa obra que Ele começou em minha vida. Sua graça foi mais do que suficiente."

Porque elas provaram a fidelidade de Deus, as testemunhas podem agora dizer para nós, "Nunca desistam. Nunca abandonem Suas promessas. O Deus que completa a minha história é imutável – o mesmo ontem, hoje e eternamente. Ele irá cumprir cada promessa que fez. Ele irá completar a sua história, também. Ele honra a Sua palavra. Confie Nele!"

O versículo descreve as testemunhas como "tão grande nuvem de testemunhas". A palavra "grande" vem de uma palavra grega que indica uma quantidade numérica. Isso significa que há muitas pessoas nesta nuvem. Milhares – sim, milhões – de santos no decorrer da história têm provado a fidelidade de Deus, e agora estão como testemunhas de Sua confiabilidade. A nuvem de testemunhas não é composta de um pequeno grupo de elite de super-heróis espirituais, mas de uma "grande" companhia de humanos frágeis (como eu e você) que transformaram sua jornada, pela graça de Deus, num testemunho poderoso. Portanto, a inclusão da palavra "grande" carrega esta implicação: a entrada para a nuvem de testemunhas é acessível. Está disponível para todos.

Queremos estar nessa nuvem! Queremos que Deus escreva uma história com as nossas vidas que O manifeste como fiel e verdadeiro.

É por isso que deixamos de lado as coisas que arrancam a nossa capacidade de correr e os pecados que facilmente nos fazem tropeçar (veja Hb 12.1-2). Estamos correndo para o alvo de ganhar nosso lugar na nuvem de testemunhas.

Alguém pode se opor, dizendo, "minha história não é importante. É a história de Jesus que é importante!" Você está certo, Jesus é a estrela mais importante de todos os tempos. Entretanto, a história Dele é incompleta sem a sua. A história Dele está intrinsicamente ligada à sua, assim como a sua na Dele.

O Pai glorifica Seu Filho, dando-lhe uma história que aponta para a grandeza e majestade de Cristo Jesus. Nós queremos uma história para que possamos dar glória a Deus.

Autor da Fé

O escritor de Hebreus continuou descrevendo Jesus como "o autor e consumador da nossa fé". A palavra "nossa" na frase não faz parte do texto original; uma versão mais literal, seria "Jesus, o autor e consumador da fé".

Jesus é o autor da fé. Isso que nós chamamos de fé é criação Dele. Ele idealizou. Concebeu. Originou e projetou o seu DNA. Como o autor da fé, Ele escreveu seu código binário. Ele sabe como é que a fé funciona porque Ele a criou.

A fé procede de Jesus. Ela sempre segue o padrão normativo de Rm 11.36[1] – ela é dada por Cristo, implementada e expressa por Cristo, e por fim retorna para Cristo em louvor e honra.

Então, se você quiser crescer na fé, vá até quem a criou. A fé é encontrada somente em Jesus Cristo[2]. Deve ser recebida do céu porque ela não acontece naturalmente aqui na Terra. Ou Jesus te dá ou você não tem.

Ele é o autor da fé. E Ele é o autor da Bíblia, da salvação, da história cósmica e da sua história. Venha – vamos olhar para Jesus, o autor e consumador.

---

1 "Porque dele, por ele e para ele são todas as coisas. Glória, pois, a ele eternamente. Amém." (Rm 11.36)

2 "e a graça de nosso Senhor superabundou com a fé e o amor que há em Jesus Cristo." (1Tm 1.14)

Alfa e Ômega
Capítulo 4

O livro de Apocalipse contém o fascinante relato de Cristo Jesus visitando o apóstolo João num encontro magnífico. As primeiras palavras que saíram de Sua boca tinham a intenção de chamar a atenção. "Eu sou o Alfa e o Ômega."

Jesus se identifica quatro vezes para João como o Alfa e o Ômega – duas vezes no início do livro e duas no final (Ap 1.8,11; 21.6; 22.13). Dos outros títulos para Cristo no livro, nenhum deles têm maior proeminência. A repetição foi a forma de Jesus de ressaltar seu ponto de vista. "João, escreva! Eu venho a ti como o Alfa e o Ômega."

O que Jesus queria enfatizar?

Bem, Ele falou com João em grego. Alfa é a primeira letra do alfabeto grego, e ômega é a última letra. Se Jesus estivesse falando com João em inglês, Ele teria dito: "Eu sou o A e o Z". Se Ele estivesse falando em coreano, Ele teria dito: "Eu sou o Giyeok e o Hieut". Se Ele estivesse falando em Russo, Ele teria dito: "Eu sou o Ah e o Ya". Em outras palavras, "Eu sou a primeira letra do seu alfabeto e a última letra do seu alfabeto". E assim por implicação, "Eu sou cada letra entre elas".

Como o Alfa e o Ômega, Jesus estava dizendo para João, "Eu sou a própria essência que compreende a palavra". Em outras palavras, "Eu sou a palavra viva" (veja Jo 1.1).

Além disso, como o Alfa e o Ômega, Jesus estava dizendo, "Eu sou a organização das palavras nas frases, porque eu sou a Verdade" (veja Jo 14.6).

Paralelamente, como o Alfa e o Ômega, Jesus estava dizendo, "Eu sou a ligação de frases numa história. Porque Eu sou o autor" (veja Hb 12.2).

Ao se identificar como o Alfa e o Ômega, Jesus se apresentou para João como o autor. Ele estava prestes a usar a caneta de João para compor um dos livros mais polêmicos, perigosos e convincentes de toda a Bíblia. A história humana através dos olhos de Jesus – passado, presente e futuro – é uma vasta e espantosa narrativa cósmica.

Livros em Apocalipse

Com a ênfase na identidade de Jesus como autor, não é surpresa que Jesus tenha escrito muitos livros neste Apocalipse, começando com o próprio Apocalipse. Alguém pode argumentar que João foi o autor de Apocalipse, para o que eu responderia que João foi mais como um escrevente ou um transcritor. Mas o Alfa e o Ômega foi o que compôs e escreveu.

Dê uma olhada nos outros livros da autoria de Jesus em Apocalipse.

Apocalipse 20.12 fala sobre os "livros" que foram abertos: "Vi os mortos, grandes e pequenos, que estavam diante de Deus, e abriram-se os livros. Então abriu-se outro livro, que é o da vida, e os mortos foram julgados pelas coisas que estavam escritas nos livros, segundo suas obras." Estes livros de julgamento foram da autoria de Cristo. Alguém pode se opor a esta afirmação porque o versículo não diz explicitamente que Jesus os escreveu. Mas Jesus disse que Ele é o Alfa e o Ômega.

Apocalipse 20.12 também fala do "Livro da Vida", da autoria de Jesus. É verdade, o versículo não declara diretamente que Jesus o escreveu. Entretanto, Jesus insistiu com João desde o princípio. "João, Eu sou o Alfa e o Ômega!" Além disso, Apocalipse 3.5 diz que se o nome de alguém riscado do Livro da Vida, Jesus é aquele que o apaga. Concluímos, então, que quando o seu nome é escrito no Livro da Vida, Jesus é aquele que o escreve lá; e quando um nome é riscado, é o próprio Jesus quem o risca. Este é o Livro Dele (Ap 13.8), e Ele é o autor. Por quê? Porque Ele é o Alfa e o Ômega.

Outro livro é mencionado em Apocalipse, desta vez em Apocalipse 10. Ele declara que a João fora dado um "livrinho" por um anjo, e que ele foi instruído a comê-lo. João tinha que ingerir a mensagem profética que ele fora chamado a proclamar. Eu creio que Jesus foi o autor daquele livrinho. Com que base? Ele é o Alfa e o Ômega.

Quando olhamos para todos os livros de Apocalipse que Jesus escreveu, você se depara com um pergaminho no capítulo 5. Ele estava selado com sete selos. Eu digo que este pergaminho selado foi escrito por Jesus. O Pai deve ter concedido o conteúdo do pergaminho, e talvez o Espírito Santo selado (porque selar é uma das coisas que o Espírito Santo faz bem, Ef 1.13), mas Jesus foi o que escreveu. Com que autoridade eu digo isto? Na autoridade das próprias palavras de Cristo, "Eu sou o Alfa e o Ômega".

Este pergaminho, escrito por Jesus, é realmente o pergaminho! Considere isso: os seres viventes de Ap 4.6-11 são capazes de contemplar, contínua e diretamente – sem véu ou óculos de sol – a imediata, manifesta e iridescente glória de Deus, mas eles não podem olhar para o pergaminho (Ap 5.3).

Jesus, que tipo de histórias o Senhor escreve?

A História de João

O Apocalipse de João fala de todos os livros mencionados. Mas eu ainda vejo um outro livro sendo escrito aqui pelo Alfa e o Ômega, embora o texto não o chame de livro. Estou pensando agora numa carta viva. Eu tenho em vista a história de vida do apóstolo João. O fato de ele ter encontrado Jesus como autor teve implicações pessoais para a sua história.

A visitação de Jesus para João aconteceu num momento em que ele tinha em torno de noventa anos de idade. Ele estava em um exílio, numa colônia penal romana na ilha de Patmos. Os prisioneiros romanos não eram famosos pelas instalações que ocupavam. E o corpo de noventa anos de João estava provavelmente sentindo as dores e as mazelas que naturalmente visitam o idoso. Dadas as condições de vida dele e a sua idade, eu posso imaginar João pensando: "Eu estou pronto para sair deste mundo. Minha corrida está quase acabando. Eu acho que é hora de me graduar para a glória. Minha história terminou. Já tive minha vez. É tempo para outra geração tomar o bastão e correr com ele."

Jesus entrou no mundo de João bem quando ele estava envelhecido, afligido e pensando no céu, e anunciou para ele: "Eu sou o Alfa e o Ômega". Com esta declaração, Jesus estava dizendo de várias maneiras, "João, Eu sou o autor da sua história. E ainda não terminou. Se prepare, estou prestes a escrever um capítulo inteiramente novo com a sua vida". Eu falo de um novo capítulo na vida de João porque, até este ponto, nós não temos registro de que Jesus já tivesse usado João profeticamente. De repente, aos noventa, João foi comissionado para uma visão inteiramente nova de ministério. Jesus o chamou para anunciar uma mensagem profética do fim dos tempos que atingiria todas as nações e gerações.

"João! Eu não apenas estou prestes a escrever um novo capítulo com a sua vida, Eu estou prestes a escrever o melhor capítulo da sua peregrinação inteira!" Jesus guardou o melhor para o final.

Você nunca será tão velho para Jesus escrever um novo capítulo com a sua vida.

Não é Automático

Jesus é um autor magnífico, mas isto não quer dizer que a conclusão da sua história está garantida. Só porque você é cristão conectado com o céu, nascido de novo e comprado pelo sangue não significa automaticamente que todos os capítulos destinados para a sua vida serão escritos. Alguns cristãos chegarão ao céu com capítulos inteiros faltando do que Deus desejava escrever com suas vidas. Por quê? Porque nós somos participantes ativos na história no desenrolar da história.

Paulo indicou que ele teve que lutar para alcançar o término da sua carreira. "Combati o bom combate, acabei a carreira, guardei a fé" (2Tm 4.7). Se quisermos todos os nossos capítulos concluídos, temos que nos envolver na corrida com muita determinação.

Deixe-me usar a linguagem de Filipenses 3.12: "Não que já a tenha alcançado, ou que seja perfeito, mas prossigo para alcançar aquilo para o que fui também preso por Cristo Jesus." Jesus conquistou você para escrever uma bela história com a sua vida; todavia, para a história ser concluída, você também precisa conquistá-la com afinco. Procurai com zelo cada capítulo que Deus ordenou para a sua vida.

Sim, você deve guerrear. Mas sinta-se encorajado, você não é o único trabalhador aqui. Deus também está trabalhando! À medida em que você faz a sua parte, Deus faz a maior parte do trabalho. "Porque Deus é o que opera em vós tanto o querer como o efetuar, segundo a sua boa vontade" (Fp 2.13). Tenha certeza, sua história está em boas mãos.

Eu Não Sou o Autor da Minha História

Há um paradoxo aqui. Por um lado, eu estou lutando por cada capítulo que Deus quer para mim; por outro lado, estou descansando plenamente na escrita de Deus. Embora eu esteja lutando pela minha história, eu mesmo não estou escrevendo.

Como que eu sei que não estou escrevendo? Porque se eu estivesse, ela seria lida dinamicamente de forma diferente!

Davi falou do Senhor como "O Deus da minha salvação" (Sl 25.5). Ele estava dizendo, "Deus está no controle da minha salvação. Ele é o que decide como minha salvação será no final, e como eu chegarei lá."

Muitos de nós gostamos de nos sentir no controle das nossas vidas. Gostamos de saber o que acontecerá em seguida. Gostamos de saber como a jornada iniciará, como será o progresso, e onde iremos chegar no final. A tentação de quando nos sentimos fora do controle é tomar uma questão em nossas próprias mãos e tentar supervisionar nossa própria salvação.

Intrínseco à vida de fé, entretanto, é ser totalmente dependente da provisão e bondade de Deus. Se estivéssemos no controle, não precisaríamos de fé.

Se eu estivesse escrevendo a minha história de vida, ela seria muito diferente do que ela é agora. Eu nunca teria escolhido esta estrada. Para ser sincero, nem sempre eu entendi ou gostei do que Ele escreveu no momento. Mas eu sempre volto para este fato: Ele é o autor, e não eu. Mais uma vez eu digo, "Alfa e Ômega, eu entrego a minha vida para a Sua caneta. Escreva a minha história. O Senhor é um autor melhor do que eu. Eu confio em Ti. Escreva do seu jeito. Por tua graça, eu continuo na história."

Desenvolvimento do Enredo
Capítulo 5

Ok, estou convencido. Eu posso imaginar alguém pensando neste momento, "Minha vida está nas mãos do autor e consumador. Entendi. Mas aqui está o que eu não entendo: o enredo. Por que Deus escreve histórias tão longas?"

O enredo representa a parte principal da nossa jornada. Ele aponta para aquelas estações em que nada parece estar acontecendo. À medida em que Deus desenvolve o enredo, Ele também intensifica o suspense e a intriga. Muitos de nossos anos são gastos aqui. Quando a jornada fica longa, geralmente nos encontramos lutando para entender onde Deus está nos levando.

Algumas vezes podemos enfrentar anos de silêncio do céu, quando parece que a resposta nunca chegará. Podemos passar anos – e até décadas – sem perceber nenhuma atividade divina substancial em nossas vidas. Alguém pode descrever tal estação como "anos de deserto" (remetendo aos quarenta anos arenosos em que os israelitas peregrinaram no deserto).

Para mim, esperar em Deus, algumas vezes, pareceu opressivamente interminável. "Ok, Deus", eu me encontrava pensando, "se o Senhor está escrevendo uma história com a minha vida...

podemos terminar logo? Quero dizer, o que o Senhor está tentando fazer aqui, afinal? Escrever um suspense?"

Deus não está interessado em escrever uma história com a sua vida que seja fogo de palha, um trovão – *CABRUMMM* – e um minuto depois a coisa toda está completamente acabada.

Ele raramente escreve história curtas.

Jesus é um autor especialista, e Ele sabe como escrever um bom roteiro. Ele quer injetar um pouco de suspense na sua história, misturar com um pouco de intriga e mistério, jogar uma boa dose de aventura, e finalizar com umas especiarias de romance (pois no momento em que a história terminar, você sairá apaixonado por Jesus Cristo).

Alguém pode reclamar, "Por que Deus permite tantas provações estranhas e reviravoltas bizarras no caminho?" A resposta é muito simples, na verdade. Ele sabe que você não consegue tirar uma boa história de um roteiro chato.

Grandes provações fazem grandes capítulos.

A caminhada pode ter feito você tombar perto dos precipícios do Seol, mas no final você estará na "nuvem de testemunhas", levantará suas mãos para o seu amado Salvador, e através de lágrimas de alegria dará o seu próprio testemunho. "Ele foi fiel para completar o que começou em minha vida. Eu sou uma prova viva que Sua palavra é verdade. Ele só faz coisas maravilhosas!"

Minha Jornada Pessoal

Permita-me falar sobre minha própria experiência por um momento.

Eu fui criado num lar cristão por pais tementes a Deus, e algumas das primeiras palavras que eles me ensinaram a falar foram, "eu amo Jesus". Meu pai era um pastor, então eu cresci na igreja – a maior parte dos domingos eram gastos na igreja – da Escola Dominical ao culto da manhã e do culto da manhã ao culto da noite. Quando eu era criança, não havia tal coisa como culto separado para as crianças. Você ficava com os adultos e simplesmente aprendia a dormir. Eu podia dormir na igreja com os melhores. Eu respondi a tantos apelos quando criança que nem me lembro quando eu fui salvo.

Quanto me tornei adulto, as pessoas diziam para mim, "Bob, por favor, compartilha seu testemunho conosco". Instantaneamente, minha respiração ficava fraca e minha pulsação acelerada. Eu começava tossir e gaguejar. "Bem", eu pausava para arrastar a coisa um pouco, "Eu cresci num lar cristão". (Pare um momento, inspire) "Tenho amado a Jesus por toda a minha vida". (Pausa. Pare completamente) Era isso. Eu não tinha mais nada a dizer.

Eu me cansei daquele cenário e me encontrei resmungando, "Senhor, minha história é chata". Era como se Ele respondesse, "Nós podemos mudar isso".

E uau, que mudança! Em 1992, o Senhor de repente e dramaticamente me lançou numa jornada pessoal com Ele. A circunstância em que me arremessou numa crise foi uma lesão em minha voz que piorou após uma cirurgia malfeita. Daquele tempo em diante, a minha voz ficou muito fraca e dói ao falar. A lesão me forçou a um redirecionamento brusco da minha vida, do meu ministério e do meu foco. Eu não pude mais dirigir louvor nem cantar, e por fim tive que deixar o ministério pastoral. Hoje, eu consigo falar, porém não mais alto que um sussurro, e cada palavra é muito dolorosa. Quando eu falo em eventos, eles aumentam o microfone para o máximo da capacidade, e eu seguro o microfone bem perto dos lábios para conseguir ser ouvido.

No início, eu fiquei extremamente deprimido pela incapacidade. Mas depois passei a entender: Deus está escrevendo uma história única com a minha vida! Ele é o Senhor que me sara

(Êx 15.26). Isso não é o fim. Quando o caminho é longo e árduo, eu trago à minha memória que Ele está desenvolvendo o roteiro. Ele é muito dramático – talvez Ele esteja planejando um toque de sino!

Eu sei que Jesus é um autor excepcional. Ele vai concluir o que iniciou em minha vida. Mas eu também sei o que é perder o rumo na espera. Eu me identifico com pessoas que se encontram no meio de um roteiro, olham para o caminho à frente, e não têm a menor ideia de onde chegarão.

Naqueles momentos, eu recebi encorajamento dos anos de deserto dos filhos de Israel quando saíram do Egito e caminharam em direção às suas promessas. Eu gostaria de compartilhar alguns *insights* sobre a libertação do Egito que têm me encorajado grandemente.

Nunca Presuma que o Silêncio de Deus Significa Não

Após a libertação do Egito, Deus recordou o Seu Povo o que Ele havia feito por eles. Ele lhes disse: "Clamaste na angústia, e te livrei" (Sl 81.7).

À primeira vista, parece que esta Escritura está dizendo, "Vocês clamaram a Mim na angústia e, BOOM, eu os libertei". Porém, isso não aconteceu exatamente assim.

Quando eles começaram a clamar a Deus em sua angústia? Nós não sabemos o tempo exato, mas sabemos que estavam clamando a Deus na angústia quando Moisés nasceu, porque os Egípcios já estavam matando os bebês israelitas naquele tempo. Entretanto, eles não foram libertos até que Moisés completasse 80 anos.

Quando você fizer a conta, vai perceber que eles estavam clamando a Deus na angústia por, no mínimo, oitenta anos antes de Deus libertá-los.

Bom, quando você tem clamado a Deus, na angústia, por oitenta anos ou mais, e não tem recebido resposta alguma do céu, é fácil presumir que a resposta deve ser "não". "Eu acho que Deus está nos dizendo não".

Mas deixe-me fazer uma pergunta. Deus realmente disse não para você? Provavelmente não. Deixe-me gabar de Deus por um momento. Ele raramente diz não. Ele é o Deus do sim.

Pois as muitas promessas feitas por Deus têm nele o sim. Portanto, também por ele é o amém, para a glória de Deus, por nosso intermédio. (2Co 1.20)

Você pode estar certo disso: quando Deus responder sua oração, é quase certo que você o ouvirá dizer 'sim'.

E naqueles raros momentos em que Deus diz não – nós aprendemos essa lição de Ezequias – algumas vezes você ainda consegue negociar[3].

Nunca presuma que o silêncio de Deus significa não!

Se Deus ainda não respondeu sua oração, aqui está o que você deve interpretar: Deus ainda não respondeu a sua oração. E se Ele ainda não respondeu, não conclua que Ele não irá. Creia no "Deus que responde" (1Rs 18.24). Não se contente com menos que um encontro poderoso com o Deus que responde oração.

Eu estou imaginando uma conversa hipotética entre Deus e um dos israelitas que teve que esperar por oitenta anos para

---

3   Eu me refiro aqui à história de Isaías 38, na qual Ezequias estava doente e à beira da morte. Isaías voltou para ele com esta palavra: "Assim diz o SENHOR: Põe em ordem a tua casa, porque morrerás e não viverás" (Is 38.1) . Desesperado para que Deus mudasse de ideia, Ezequias clamou a Deus com lágrimas, implorando a Ele por misericórdia. Em resposta, o Senhor curou Ezequias e aumentou quinze anos à sua vida.

ser liberto. "Mas Deus", eu imagino o homem reclamando, "o Senhor demorou *demais* para responder nossa oração!"

Imagino Deus respondendo, "Mas eu libertei vocês, não libertei?"

"Bom", o homem fez uma pausa. Ele torceu o nariz. "Bom... tecnicamente."

É aí que Deus se chateia um pouco. "O que você quer dizer com 'tecnicamente'? Ouça! E se eu estiver escrevendo uma história para a sua nação para empoderar seu povo por séculos...?"

Você tem que admitir, a libertação do Egito foi fantástica! Vejo todos todos os componentes de uma boa história juntos – suspense, intriga, sofrimento e consolação, exploração e retribuição divina, confronto e vitória –, são todos ingredientes de um drama excepcional. O êxodo do Egito foi uma história tão poderosa que carregou a nação de Israel por séculos – até hoje.

"Se eu estou escrevendo uma história para a sua nação", eu ouço Deus dizendo para esse israelita impaciente, "para empoderar o seu povo por séculos, me dê um pequeno espaço para trabalhar".

Deus estava dando para Israel uma história que os fortaleceria por muitos milhares de anos. Para dar-lhes este tipo de história, Ele precisou de pouco mais de oitenta anos para preparar tudo.

Será que a duração da sua espera é reflexo da importância da sua libertação? Em outras palavras, será que a intensidade do roteiro aponta para a importância do final?

Dê espaço para Deus trabalhar. E dê algo para Ele trabalhar. Aqueles que presumem que o silêncio de Deus significa 'não', tendem a se desligar, se excluir do roteiro e abortam a jornada. Enquanto eles abandonam a história, Deus está pensando, "se você tão somente tivesse esperado em Mim!"

Se Deus não disse não, continue na história. Espere Nele. Invoque o nome Dele até que Ele te liberte.

Qual o Motivo do Cativeiro?

Enquanto falamos sobre a libertação do Egito, deixe-me fazer uma pergunta: você já se perguntou alguma vez o porquê Deus colocou a nação de Israel no Egito por 430 anos? Aqui segue a referência:

> *O tempo que os filhos de Israel habitaram no Egito foi de quatrocentos e trinta anos. Aconteceu que, passados os quatrocentos e trinta anos, naquele mesmo dia todos os exércitos do SENHOR saíram da terra do Egito. (Êx 12.40-41)*

Jacó e sua pequena família – no número de setenta – estavam morando em Canaã (a terra prometida) quando Deus soberanamente os moveu para o Egito (Gn 46.27). Depois os manteve no Egito, por realmente, um longo tempo, sob circunstâncias realmente difíceis.

Na verdade, muitos estudiosos concordam que os 430 anos mencionados aqui são para ser contados desde o tempo de Abraão (veja Gl 3.17). Eles calculam que o tempo real que a nação de Israel gastou no Egito foi praticamente metade dos 430 anos, mais perto de 200 a 225 anos.[4]

Vamos supor que eles estejam certos. Vamos dizer que Israel esteve no Egito por aproximadamente 215 anos. Isso ainda é um longo tempo! E eles foram anos exaustivos gastos na escravidão, trabalho forçado, e dura opressão.

---

4 Em Gálatas 3.17, Paulo parece concordar que os 430 anos iniciaram com Abraão. John Gill (Bíblia Online) cita os cálculos de Pareus sobre os 430 anos desta forma: da confirmação da aliança, e de Abraão tomando Hagar como sua esposa, até o nascimento de Isaque, 15 anos; do nascimento de Isaque ao nascimento de Jacó, 60 anos (Gn 25.26); do nascimento de Jacó até a sua descida ao Egito, 130 anos (Gn 47.9); da sua descida ao Egito até a sua morte, 17 anos (Gn 47.28), da morte de Jacó até a morte de José no Egito, 53 anos (Gn 50.26), da morte de José até o nascimento de Moisés, 75 anos; do nascimento de Moisés até a saída dos filhos de Israel do Egito, 80 anos, no total de 430 anos.

O que Deus estava pensando? Por que Ele fez isto com Israel? Por que Ele os tirou da terra prometida e os colocou em servidão por tantos anos?

Eu gostaria de responder essa pergunta.

Naqueles dias, o principal dizimador da população era a guerra. Uma razão era porque alguns grupos de pessoas tinham a prática de ir para a guerra quase todos os anos na primavera (2Sm 11.1, 1Rs 20.22). Se Deus tivesse deixado Jacó e sua pequena família em Canaã, ao passar dos anos eles teriam sido constantemente atacados por todos os lados por tribos guerreiras, grupos de ataque, reis territoriais, e invasores imperialistas. Sob aquele tipo de bombardeio contínuo, a nação de Israel teria sido persistentemente fracionada em tamanho e nunca teria alcançado a massa crítica necessária para tomar a terra prometida.

A solução de Deus foi tirá-los de Canaã e colocá-los no Egito. Jacó não sabia disso, mas Deus estava basicamente dizendo, "Jacó, deixe-me lhe fazer um favor. Eu irei proteger a sua família, colocando-os atrás da linha de frente da máquina militar número um do planeta – o exército do Egito".

Durante a permanência de Israel em Gósen, ele foi protegido pelo exército do Egito. Por 215 anos, a nação de Israel não sofreu uma única perda por guerra. Eles simplesmente continuaram a crescer.

Eles cresceram tão rápido e copiosamente que, dentro de aproximadamente um período de 215 anos, a família de Jacó, de setenta cresceu para praticamente a mesma população do próprio Egito. Quando Israel finalmente saiu do Egito, já havia cerca de três milhões de homens.

Agora a nação de Israel era forte o suficiente para *entrar* em sua terra prometida, *tomar* a sua terra prometida, *habitar* em sua terra prometida, e *segurar* a sua terra prometida.

O propósito de Deus em colocá-los no Egito é dado sucintamente no Salmo 105.23-24.

Então Israel entrou no Egito, e Jacó peregrinou na terra de Cam. Ele multiplicou sobremodo seu povo e o fez mais poderoso do que seus inimigos.

Deus colocou Israel no Egito para fazê-lo crescer consideravelmente. Quando o Senhor disse que fez Israel mais forte do que seus inimigos, talvez Ele quisesse dizer que Israel verdadeiramente excedeu ao Egito no tamanho da população (a população exata não é conhecida), ou Ele pode ter se referido à vitória que Israel celebrou sobre o Egito e o seu exército. Oh, sabedoria de Deus! Por mais de duzentos anos o Egito continuou a sofrer todos os ataques militares para que Israel pudesse continuar crescendo. Israel se multiplicou na aba do Egito.

Deus colocou você em cativeiro para te fazer crescer.

Você está enfrentando tempos de restrição, limitação ou pressão? *Amplie-se!* Use a estação de restrição para ir mais profundo em Deus. Sua prisão é na verdade um convite para você ampliar na intimidade, ampliar no entendimento, ampliar no conhecimento de Cristo, ampliar na justiça, ampliar na santidade, ampliar na Palavra e na oração, ampliar em boas obras, ampliar em misericórdia e humildade, ampliar em fé e esperança, ampliar em serviço e ampliar em amor.

Nunca desperdice uma boa sentença de prisão. Torne sua prisão numa incubadora. É possível tornar-se tão grande que a prisão não conseguirá mais segurá-lo?

Não permita que a duração do roteiro e a intensidade do crisol desoriente você. Jesus continua com você, habilidosamente criando a sua história. Se continuar habitando Nele, Ele fará você crescer tanto nesta estação que você sairá do cativeiro para *entrar* em suas promessas, *tomar* suas promessas, *habitar* em suas promessas e *segurar* as suas promessas.

O Poder da Perspectiva

CAPÍTULO 6

"Já estamos quase lá?" Todos nós já ouvimos esta pergunta comum. Ela é um clamor por uma perspectiva. Quando estamos numa longa jornada, queremos nos orientar. O quão longe estamos? Quão mais longe temos que ir? Onde estamos, afinal?

Da mesma forma, na jornada da vida, constantemente buscamos uma perspectiva atualizada à medida que caminhamos. Perspectiva envolve olhar para trás para avaliar de onde viemos, e depois olharmos para frente para ver para onde estamos indo. A perspectiva pode impulsionar a alma e fortalecer o coração para o percurso. Ela faz o presente fazer sentido. Sem ela, nós ficamos vulneráveis para o desânimo e o abatimento, e definhamos.

A perspectiva, de certa forma, pode ser vista como outra palavra para fé. Os olhos naturais contemplam o visível enquanto os olhos da fé veem o invisível (2Co 4.18). A fé vê que nossa vida inteira é uma grande história, e que os desafios de hoje são apenas um capítulo de uma trama muito maior. A fé alcança a perspectiva de Deus.

A Bíblia diz que ganhamos este tipo de perspectiva, tomando as alturas com asas como da águia e voando no Espírito para uma visão de águia sobre nossos horizontes.

mas os que esperam no SENHOR renovarão as forças, subirão com asas como águias; correrão e não se cansarão; caminharão e não se fatigarão. (Is 40.31)

A única maneira em que podemos ver nossa jornada através dos olhos de Deus é ser levantado acima das nossas posições terrenas e míopes. As asas de águia nos capacitam a ver as circunstâncias com uma perspectiva do céu. Nós alcançamos este lugar, esperando no Senhor.

Esse versículo conecta o esperar no Senhor com a rapidez das águias. As águias voam para os céus e de repente atacam suas presas (cobras, coelhos, etc.). Esperam e atacam rapidamente. A Escritura diz que esperar no Senhor produz uma rapidez no espírito.

As águias, algumas vezes, pousam e esperam pelo vento para despertar. Bater suas asas até às alturas é muito exaustivo, então elas esperam pelo vento. Uma vez que os ventos começam, elas abrem suas asas, capturam o poder das correntes, e voam quase sem esforço para as alturas. Esta perspectiva as capacita a examinar uma ampla circunferência e a avistar a presa lá embaixo.

O versículo diz "Subirão com asas como águias". Há uma promessa condicional. Quando esperamos no Senhor – ou seja, quando o contemplamos em amor e adoração, ouvimos com diligência por suas direções, e nos recusamos a nos mover independentemente em nosso próprio entendimento – a promessa é que um dia os ventos do Espírito Santo vão soprar. Uma vez que os ventos sopram, podemos abrir nossas asas da fé e voar para um lugar de perspectiva divina. Anote a promessa: se você esperar no Senhor, um dia os ventos soprarão e você "subirá" para uma perspectiva celestial.

Perspectiva Sobre a Cruz

Deus tem uma maneira de conceder perspectiva na dor que torna a jornada proposital. Quando você está sofrendo, a perspectiva de Deus na sua dor pode fazer a diferença entre ser uma vítima ou um vencedor. Isso foi especialmente verdade para Jesus na cruz. A Perspectiva divina o capacitou a vencer a Sua cruz.

A perspectiva de Deus na cruz é vista maravilhosamente em sua primeira menção na Bíblia. Deus falou dos sofrimentos de Cristo desde o início no livro de Gênesis. É isso que Deus disse sobre a cruz quando Ele olhou para ela de uma perspectiva eterna.

Porei inimizade entre ti e a mulher, entre tua semente e a semente dela; esta te ferirá a cabeça e tu lhe ferirás o calcanhar. (Gn 3.15)

Neste versículo, o Pai estava falando com Satanás sobre a cruz. Ele falou para Satanás que, através da cruz, Jesus iria ferir a cabeça dele, e ele iria ferir o calcanhar de Cristo. Olhando para o sofrimento de Cristo numa visão superior, Deus descreveu a cruz como um ferimento no calcanhar de Cristo.

No dia em que Jesus foi pendurado na cruz, entretanto, com pregos em Suas mãos e um prego atravessado nos Seus pés, o sentimento não foi como um ferimento no calcanhar. Parecia que todo o seu ser estava sendo desmembrado, molécula por molécula. Pois foi isso o que aconteceu. E isso vale para você quando está no turbilhão da sua provação. Você se sente como se estivesse sendo moído em pó. Talvez você se sinta engolido pela dor. É uma dor imensa, realmente imensa. Ela ofusca nossa capacidade de ver qualquer coisa a não ser a dor.

Quando você está sendo pressionado, pode lhe faltar a perspectiva naquele momento. Porém, à medida em que você esperar no Senhor e subir com asas como águia, chegará o tempo em que você verá a sua provação sob a ótica de Deus. Um dia você verá que a sua provação foi apenas um ferimento no seu calcanhar.

Agora, não se engane. Um calcanhar esmagado é *terrivelmente* dolorido! Eu não pretendo minimizar o trauma do seu sofrimento. Deus não banalizou os sofrimentos de Cristo. Ao chamar isso de calcanhar ferido, Deus estava claramente reconhecendo que a ferida era real.

Entretanto, era também um reconhecimento sincero de que a cruz ia ferir Satanás muito mais profundo do que em Jesus. A cruz feriu o calcanhar de Cristo severamente, mas deu um golpe mortal na cabeça de Satanás. Jesus foi ferido pela cruz, mas Satanás foi destruído por ela.

A cruz foi um espetáculo sangrento. Havia sangue na cabeça de Jesus, no Seu rosto, no Seu pescoço, nos Seus ombros, nos Seus braços, no Seu peito, nas Suas costas, nas Suas pernas, nos Seus pés, na Sua cruz, e no chão. Sangue por todos os lados! Mas aqui está a perspectiva do céu: *Satanás ficou mais ensanguentado pela cruz do que Jesus Cristo!*

Jesus quer te dar a mesma perspectiva em sua jornada. Porque você saiu da história em justiça e santidade, consequentemente verá que seu adversário ficou muito mais machucado pela provação do que você. Um dia você vai olhar para trás na sua cruz e dizer, "Uau, foi intenso! Eu realmente levei uma no calcanhar. Mas a cabeça do meu adversário ficou ensanguentada".

Vendo Nossa Aflição como Leve

Quando entrarmos na eternidade e olharmos para as nossas aflições terrenas, as veremos como "leves" e "momentâneas".

porque nossa leve e momentânea tribulação produz para nós um peso eterno de glória mui excelente, (2Co 4.17)

Quando finalmente estivermos na glória da eternidade, iremos perceber que o nível de glória daquela era, é desproporcional à gravidade dos sofrimentos que enfrentamos nesta era. Nos perguntaremos, "Como que uma quantidade tão pequena de sofrimento momentâneo pode produzir tamanha quantidade de glória eterna?"

Sabemos que veremos desta forma quando estivermos na eternidade. A questão é se queremos esta perspectiva eterna agora, até mesmo enquanto estamos enfrentando a aflição. Paulo escreveu como se esta perspectiva estivesse disponível para nós agora, nesta vida.

Note que 2Co 4.17 não censura o santo que está oprimido pelo trauma da sua aflição, ao invés, ele dá esperança para o santo sofredor, concedendo uma perspectiva esclarecedora. A perspectiva é capacitadora – ela manterá você na história.

Eu quero enfatizar aqui que a Bíblia não repreende o santo sofredor por sentir-se oprimido e entristecido quando está passando por uma prova de fogo. Por exemplo, quando os filhos de Israel estavam sofrendo "angústia de espírito e uma cruel escravidão" no Egito (Êx 6.9), a Bíblia chamou isso de "cruel", não "leve". É bíblico ser aberto e honesto a respeito da sua dor. Veja, por exemplo, o clamor de Jó, de Davi, de Noemi e de Jeremias nas Escrituras. Todavia, Paulo recebeu tamanha perspectiva que foi capaz de dizer, "Pessoal, eu vi a figura completa, e esta aflição é leve!"

A perspectiva nos capacita a olhar para aquilo que é "cruel" e "pesado" e chamá-lo de "leve".

Peça para Deus agora, enquanto está no meio da sua história, para mostrar a você o quão momentâneo e leve seus sofrimentos presentes realmente são. Espere Nele. Espere até o que os ventos do Espírito Santo soprem. E Então tome as alturas do Espírito e olhe para as suas provações através de um patamar mais elevado.

A Perspectiva de Davi

Uma das razões que nos faz amar tanto os salmos de Davi é devido à sua honestidade. Ele falava da maneira que sentia, e o Espírito Santo endossou aquela honestidade, colocando-a na Bíblia.

Porém Davi não permaneceu sob o peso de suas provações. Ele esperou no Senhor, e o Senhor o levou para uma perspectiva surpreendente a respeito de suas provações. Aqui está o que Davi disse, em seus últimos dias, sobre as terríveis aflições que ele enfrentou: "Também me deste o escudo da tua salvação; tua mão direita me susteve, e tua mansidão me engrandeceu" (Sl 18.35).

Davi olhou para trás para todas as terríveis aflições que Deus havia permitido em sua vida e as chamou de gentileza. Como provações tão intensas, que produziram salmos cheios de tanta agonia, podem ser vistas como gentileza? Somente tendo uma perspectiva de onde ele começou e onde ele termina.

Davi iniciou a sua jornada como um desconhecido, um pastor nômade com um coração escurecido pelo pecado. Mas terminou a sua jornada como o rei mais poderoso na Terra com uma herança eterna gloriosa. Comparando seu início com o seu fim, ele percebeu que a promoção foi desproporcional em relação à poda.

Na verdade, Davi experimentou um intenso refinamento em sua vida. Mas em contraste com a glória, percebeu que as disciplinas de Deus foram realmente leves. Então ele olhou para trás para todas as provações e as chamou de "gentileza". Que perspectiva fascinante!

Jesus, agora, diz a mesma coisa sobre a Sua cruz. Ele agora diz ao Pai, "a Tua gentileza me engrandeceu". Jesus, como o Senhor pode chamar a cruz de gentileza? Sua resposta pode ser, "Quando eu vejo a magnífica glória com a qual o Pai exaltou a Mim e a Minha noiva, eu percebo que a cruz foi a maneira mais gentil para nos conduzir até aqui".

Agora você pode dizer a mesma coisa sobre a sua cruz. Uma perspectiva eterna vai capacitá-lo a ver a sua cruz como gentileza, capacitando-o a enfrentar a sua jornada até obter o prêmio.

A centralidade da resistência para a conclusão da nossa história é tão crucial que iremos agora usar a segunda parte deste livro para explorar este tema. E já que falamos de Davi, vamos continuar com o seu exemplo.

Parte 2:
Permaneça na História

Fé, Resistência, Dependência,
Transformação

Ensinado por Saul
Capítulo 7

Esperar em Deus é um elemento importante na história de praticamente todas as pessoas. E certamente foi importante na história de Davi. Deus o ensinou nessa disciplina, levando-o para uma escola especial – a escola de Saul.

À primeira vista Saul parecia um antagonista, mas na verdade ele foi um presente para Davi. Da primeira fileira da corte de Saul, Davi aprendeu através das consequências devastadoras das asneiras de Saul. Como muitos de nós, Davi aprendeu muito mais assistindo como não fazer as coisas.

Uma das maiores lições que Davi aprendeu foi assistindo como Saul se recusou a esperar em Deus. Era essencial que Davi se especializasse nessa lição para que ele pudesse cooperar com a história de Deus para o seu trono.

A Bíblia registra três momentos críticos em que Saul não esperou no Senhor. O primeiro foi quando ele estava sendo sitiado pelos filisteus.

Quando Saul Estava Sendo Sitiado

Não muito tempo depois que Saul foi coroado rei de Israel, os filisteus vieram para desafiar seu trono com uma invasão militar. Eles atacaram Israel com um exército que era "uma multidão como areia que está à beira do mar" (1Sm 13.5). Os exércitos de Israel ficaram intimidados e aterrorizados, fazendo com que as pessoas se escondessem em cavernas, bosques, buracos e poços. Muitos dos guerreiros de Israel fugiram para o outro lado do Jordão para escapar da batalha. Aqueles que ficaram com Saul "foram atrás dele tremendo" (1Sm 13.7).

Saul e Samuel tinham um acordo estabelecido: dentro de sete dias, Samuel viria para Gilgal oferecer a oferta queimada ao Senhor e depois, Saul e seu exército avançaria na batalha. Depois que o acordo foi feito, entretanto, Deus falou para Samuel aparecer no oitavo dia. Deus iria testar Saul, fazendo Samuel chegar lá atrasado.

Quando chegou o sétimo dia, Saul continuou a enfrentar um desgaste em seu exército. Ele estava desesperado para que Samuel viesse e fizesse o sacrifício porque, como rei, Saul não era autorizado por Deus a fazer um sacrifício sacerdotal. Tinha que ser feito por Samuel. Mas Samuel estava atrasado.

Finalmente, quando Samuel não apareceu no tempo combinado, Saul sentiu que não poderia esperar mais. Quanto mais ele demorava, mais guerreiros ele perdia. A situação demandava uma ação. Desesperado para reanimar suas tropas, Saul mesmo ofereceu a oferta queimada ao Senhor.

Tão logo Saul terminou de apresentar a oferta queimada, Samuel chegou. Samuel entregou palavras muito fortes para Saul devido à sua presunção.

Então disse Samuel a Saul: Procedeste como néscio e não guardaste o mandamento que o SENHOR, teu Deus, te ordenou; porque agora o SENHOR teria confirmado o teu reino sobre

Israel para sempre. Porém, agora não subsistirá o teu reino; o SENHOR buscou para si um homem segundo o seu coração e já lhe ordenou que seja chefe sobre o seu povo, porque não guardaste o que o SENHOR te ordenou. (1Sm 13.13-14)

Na essência, Deus estava dizendo, "Saul, já que você não vai esperar em Mim, Eu vou trocar você por um rei que espere". A recusa de Saul em esperar custou-lhe o trono.

Então, a primeira vez que Saul reprovou no teste da espera foi quando a batalha estava indo contra ele.

Quando Saul Esteve Diante do Momento da Batalha

A segunda vez em que Saul não esperou no Senhor foi num contexto oposto. Foi numa vez em que a batalha estava vindo em seu favor. Aqui está a história em poucas palavras.

Deus usou o filho de Saul, Jônatas (junto com seu escudeiro), para derrubar uma guarnição dos filisteus (uma guarnição era um entreposto militar filisteu dentro das fronteiras de Israel. Os filisteus usavam guarnições para forçar sua ocupação do território de Israel). Eliminar a guarnição dos filisteus foi um ato de guerra da parte de Jônatas. Deus honrou a fé de Jônatas e entrou no conflito, enviando auxílio do céu. O solo começou a tremer. Deus enviou confusão entre os exércitos dos filisteus, e eles começaram a dispersar aterrorizados.

Neste meio tempo, Saul estava de volta no acampamento. Ele conseguia ver que os filisteus estavam fugindo num pandemônio desordenado, mas não imaginava o porquê. Uma chamada rápida revelou que Jônatas e seu escudeiro não estavam presentes. Saul queria saber o que estava acontecendo, então ele pediu para o sacerdote vir com a arca de Deus. Ele queria que o sacerdote consultasse o Urim e o Tumim, o que era um meio apontado divinamente para um rei receber comunicação diretamente de Deus.

O sacerdote consultou Deus, mas não teve resposta. No meio tempo, o barulho da confusão no campo dos filisteus continuou aumentando. Era óbvio para todos que Deus estava lutando por Israel, e ainda assim Saul queria ter a perspectiva de Deus do que estava acontecendo. Quando o barulho no campo dos filisteus continuou a aumentar, todavia, e mesmo assim Deus não respondia, Saul disse para o sacerdote, "Retira a tua mão" (1Sm 14.19). Ao invés de esperar por uma resposta de Deus, Saul entrou na peleja e conduziu Israel a uma grande vitória.

Saul não esperou por Deus porque a batalha estava indo a seu favor e ele estava ansioso para levar vantagem naquele momento da batalha. Ele queria maximizar o massacre entre os filisteus. Aqui é a parte fascinante: mesmo que ele não tenha esperado Deus responder, o Senhor ainda lhe deu uma grande vitória naquele dia.

O silêncio de Deus foi um teste. "Você esperará por Mim mesmo quando significar um enfraquecimento da sua vitória?"

Saul ganhou a batalha e reprovou no teste.

Quando Saul Teve Outras Opções

A terceira vez em que ele não esperou Deus foi a mais sombria de todas, selando o seu destino. Isso aconteceu durante um grande confronto com os exércitos dos filisteus.

Os filisteus haviam se reunido em massa contra Israel, com a intenção de eliminar Israel. A superioridade de sua força era tão intimidadora que Saul tremia de medo. O que fazer? Ele fez a única coisa que conseguia fazer – ele buscou o Senhor.

Saul estava tão desesperado por uma palavra que ele fez tudo o que sabia para fazer Deus falar. Ele consultou aqueles que tinham sonhos divinos; ele pediu para o sacerdote consultar o Urim; ele perguntou aos profetas de Jeová. Mas nada funcionou. Ele usou todos os meios à sua disposição para receber uma resposta de Deus, mas o céu estava em silêncio.

O que Saul deveria ter feito naquela situação? Resposta: esperar em Deus. Ele deveria ter dito: "Deus, eu não irei para lugar algum até que o Senhor me responda. Mesmo se os filisteus matarem a todos nós, eu não me moverei até que eu te ouça". Eu estou convencido que se ele tivesse esperado em Deus, a história teria sido lida muito diferente.

Mas o que Saul fez? Ele cometeu o maior erro da sua vida – ele consultou uma médium (1 Sm 28.7). Como Deus não estava falando com ele, ele seguiu com a outra opção – um necromante. Ele pediu para uma médium trazer Samuel de entre os mortos para que ele pudesse receber um conselho militar do profeta morto. Aquele ato, verdadeiramente, custou a Saul a sua vida.

Deus testou Saul repetidamente com Seu silêncio, e nestas três principais instâncias ele foi reprovado no teste. Assistindo os erros repetidos de Saul, Davi desenvolveu uma firme resolução em sua alma. "Quando eu me tornar um rei, é isso o que eu vou fazer – eu vou esperar em Deus!"

Porque ele fez isso, Deus teve condições de escrever uma história fascinante com a vida dele.

Que esta mesma lição possa ser cravada em seu coração. Que você possa ter fé e graça para esperar Deus escrever a sua história do jeito e no tempo Dele.

O Conselho de Davi Sobre a Espera
Capítulo 8

À medida em que acompanhamos a história de Davi, vemos um homem que verdadeiramente esperou em Deus. Vamos ver alguns exemplos.

Por aproximadamente dez anos, Davi teve que fugir para defender sua vida de Saul. Ele deve ter sido tentado, enquanto estava escondido em cavernas e florestas de Israel, para abortar a história. "Eu não posso viver assim", imagino ele pensando num momento de fraqueza. "Eu vou mudar para um lugar bem distante". Porém ele não se entregou. Ficou e esperou em Deus. Não surpreendentemente, foi durante aqueles anos de esconderijo que ele produziu alguns dos seus melhores cânticos sobre esperar em Deus.

Houve duas vezes, enquanto fugia, que ele teve oportunidade de matar Saul (1Sm 24.6, 26.11). Seus companheiros persuadiram-no a fazer isso, dizendo que Deus havia preparado a oportunidade. Mas Davi se recusou a matar o ungido do Senhor. Ele deixou para Deus determinar o destino de Saul (1Sm 26.10). Relutante em tomar o trono por sua própria força, Davi estava determinado a esperar até que Deus abertamente o entregasse para ele.

Mesmo após ser rei em Hebrom sobre a tribo de Judá, ele ainda teve que esperar mais sete anos antes de Deus lhe dar o reino por completo.

Mesmo depois que Is-Bosete morreu e a nação toda foi dada a Davi, ele consultava a Deus antes de cada guerra. Ele não se atreveu em nenhuma excursão militar sem instruções divinas. Este era o padrão de Davi – ele esperava para agir até que tivesse recebido sabedoria divina e auxílio. Foi esse compromisso com a voz de Deus que possibilitou que o Senhor escrevesse com a vida de Davi uma das mais fascinantes histórias de toda a Escritura.

Não é um acidente, entretanto, que Davi se tornou o primeiro escritor da Escritura a anunciar a disciplina de esperar em Deus. Os patriarcas e Moisés tinham dado o exemplo do que significava esperar em Deus, mas Davi foi o primeiro para de fato, escrever sobre isto. Seus escritos estabeleceram a base, e depois Isaías escreveu a proeza sobre esperar.

Porque ele esperou, Deus lutou por ele repetidamente. A justificação de Deus foi tão impressionante que Davi escreveu, "aprenda com um cara que experimentou e provou a fidelidade do Senhor nesta área. Compensa esperar em Deus!" (Esta é a minha paráfrase do Salmo 27.14).[5]

Enfrentando a Controvérsia

Esperar em Deus é uma das maiores controvérsias que você pode fazer. Todos irão concordar que é importante que você espere em Deus, mas ninguém concordará com a maneira que você fará isso na prática. Todos concordam com o princípio, ninguém concorda com a aplicação.

---

5 Espera no SENHOR, anima-te, e ele fortalecerá teu coração; espera, pois, no SENHOR. (Sl 27.14)

A primeira regra em esperar em Deus (eles lhe ensinarão isso em *Esperando 101*) é ficar calado. Não fale com ninguém. Porque todos têm uma opinião sobre o quão errado você está agindo.

É por isso que a declaração de Davi no Salmo 62, que em princípio aparenta inofensiva, é na verdade uma das declarações mais ousadas que ele já havia feito: "Somente em Deus, ó minha alma, espera silenciosa" (Sl 62.1). Ele se levantou em sua geração e anunciou isto para o mundo todo: "Ei, pessoal! Ouça! Eu estou esperando em Deus."

Péssima escolha, Davi. Nada acarreta tantos conflitos teológicos no povo de Deus, do que este negócio de esperar em Deus. De repente todos discordam com o que você está fazendo, e eles geralmente têm um versículo bíblico para apoiar as suas posições.

Você não pode falar para o seu sogro – ele está esperando que você cresça e assuma a responsabilidade da sua casa. Ele verá seu "esperar em Deus" como uma cortina de fumaça para a preguiça.

Outros desprezam sua postura como uma rua sem saída. Na visão deles, esperar é uma total perda de tempo, um exercício de futilidade. Eles falarão para você assumir uma postura e tomar o controle da sua vida.

Outros, que têm suas próprias ideias do que significa esperar em Deus, irão dizer que você está usando isto como uma desculpa para a sua incredulidade. Se você de fato tivesse fé, eles opinam, você teria acesso ao poder de Deus e avançaria com ousadia em sua história. O quanto você espera em Deus, eles dirão, não vai mudar nada enquanto você estiver preso em tamanha incredulidade.

Quando algumas pessoas idealizam a espera em Deus, elas imaginam alguém passando o tempo numa piscina e tomando uma limonada. No entanto, isto não se trata de uma cobertura para preguiça nem para incredulidade. Na verdade, é o oposto. Esperar vai exigir todos os recursos do seu ser. É uma das coisas mais violentas que você já fez. Ela vai requerer foco, intensidade e determinação. Quando você está esperando em Deus, você está agressivamente colocando pressão no Reino de Deus.

É assim que eu defino o esperar em Deus: *fazer o que for necessário para permanecer em fé*. Quando você está esperando em Deus a longo prazo, e Deus está intensificando o suspense em sua história, o maior desafio é permanecer em fé. Tudo está gritando para você que não está adiantando nada. Se for para você permanecer em fé na espera, isto vai requerer violência do reino: jejum, oração, imersão na Palavra, e a violência empurrando para o lado toda a distração. Davi continuou a dizer, "Somente em Deus, ó minha alma, espera silenciosa" (Sl 62.5). Esperar em Deus não é o que você faz quando já esgotou todas as outras opções, está encurralado na parede, e Deus é tudo o que sobrou. É o que você faz diante das outras opções.

Quando Davi disse para si mesmo para esperar somente em Deus, ele tinha muitas opções. Como o principal rei da Terra naquela época, ele tinha pessoas prontas para servi-lo. Reis, aliados, amigos, profissionais – todos estavam entregando a ele seus cartões de visita e dizendo coisas assim, "entre em contato comigo sempre que precisar de qualquer coisa. Estou à disposição, a qualquer momento". Todos queriam ser aquele que chegou para resgatar Davi. Porém, Davi olhava para todas as suas opções e dizia para si mesmo, "não, eu estou esperando somente em Deus. Foi Ele quem prometeu, e eu creio que Ele cumprirá."

Davi estava dizendo, "eu sei apenas uma forma de esperar em Deus. E esta é esperar somente em Deus."

Na Defesa da Espera

A preponderância da vida cristã vem sob a bandeira de "esperar em Deus". A maior parte de nossas vidas é caracterizada por longos períodos de perseverança, intercalada por surtos ocasionais de repentinas atividades divinas. Se esperar em Deus, então, é a parte principal da vida cristã, por que isso é tão criticado? Certamente, nestes últimos dias, Deus quer justificar esta gloriosa graça!

Não sejam envergonhados por minha causa aqueles que esperam em ti, ó SENHOR, Deus dos Exércitos; não sejam confundidos por minha causa aqueles que te buscam, ó Deus de Israel. (Sl 69.6)

Deixe-me explicar o que Davi quis dizer. Ele era comprometido em esperar em Deus para terminar a sua história. Todos os seus contemporâneos sabiam que esta era a sua postura. Sua preocupação, no entanto, era que outros podiam olhar para a sua jornada, ver seu estado inacabado, e erroneamente concluir, "não vale a pena esperar em Deus". Davi era zeloso pela reputação do Senhor. Ele estava basicamente dizendo, "Senhor, que de maneira nenhuma, alguém seja desencorajado a esperar em Ti por terem visto a minha jornada como vã e fútil".

Em outras palavras, Ele estava clamando a Deus para defender a disciplina da espera. "Eu estou dependendo de Ti, Deus, e agora o resto é por tua conta. O Senhor terá que mostrar que é o defensor daqueles que confiam em Ti. Comece aqui, comigo". Davi queria que os outros vissem como ele esperava em Deus e então como Deus o livrava, para que as pessoas fossem encorajadas a confiar em Deus por si mesmas.

Eu estou seguindo o caminho de Davi. Eu vou fazer um alarde do meu caso. Eu quero que o mundo todo saiba eu estou esperando em Deus. Eu quero que o céu sinta essa pressão. Eu quero alinhar minha alma a tal ponto de ficar com vergonha se Deus não me responder. E se eu ficar com vergonha, uma geração que tem observado minha vida ficará confusa. Deus, é assim que o Senhor quer que a minha história termine? Ou o Senhor vai se levantar em seu zelo e defender esta graça de esperar, respondendo-me?

Eu encerro toda a minha história no pressuposto que é importante para Deus fazer justiça para aqueles que esperam somente Nele. O mundo chama isso de insanidade, mas eu creio que isso é sabedoria do alto.

"Insanidade É"

Há um ditado circulando para todos os lados por onde ando: "insanidade é fazer a mesma coisa e esperar diferentes resultados". A ideia da expressão é que se o que você está fazendo não está produzindo o efeito desejado, então mude algo. É insano pensar que você pode continuar fazendo o que você tem feito o tempo todo e de repente se deparar com um resultado diferente.

Há uma certa sabedoria nesse sucinto ditado, e há muitas áreas da vida em que esse princípio é pertinente. Entretanto, quando se trata da disciplina da espera em Deus, essa expressão não é pertinente. Ao esperar em Deus, você continua fazendo a mesma coisa mesmo que nada pareça estar mudando.

É por isso que o mundo chama o "esperar" de insano. Eles acham que é loucura continuar esperando em Deus se isso não gerou um progresso imediato.

A fé é uma estupidez para o mundo. A fé caminha de uma maneira que o mundo considera irresponsável, ilusória, ingênua, tola e lamentável.

Mas as pessoas de fé sabem algo. Sabemos que tudo pode mudar num momento em que Deus interferir na situação. Entretanto, nós permaneceremos firmes, meditando na palavra de Deus, segurando a promessa, dando a Ele nosso amor, e esperando Ele falar. Chame-nos de insanos se você quiser, mas nós não mudaremos nada. Estamos esperando em Deus!

Sem Mau Cheiro

À medida que eu tenho esperado em Deus pela minha cura, tenho recebido muito consolo do escrito de Davi no Salmo 16.

Portanto, está alegre meu coração, e se regozija o meu espírito; também minha carne repousará segura. Pois não deixarás a minha alma no inferno, nem permitirás que teu santo veja corrupção. (Sl 16.9-10)

Eu estava orando sobre esses versículos um dia, e comecei a dizer, "Senhor, eu tenho estado neste capítulo por tanto tempo, que temo que meu testemunho esteja começando a apodrecer e cheirar mal. Alguns irão olhar a duração da minha espera e decidir que Deus não está respondendo a minha oração. Senhor, o meu testemunho está começando a cheirar corrupção e decadência?"

Uma forte impressão veio no meu coração. "Eu não vou permitir. Eu nunca vou permitir que o testemunho dos meus santos se torne um cadáver fedorento".

Esta certeza me carrega. Eu creio que Ele não permitirá que Seu filho que espera Nele veja a corrupção. Para mim, isso significa que meu posicionamento de esperar Nele não se tornará um fedor de morte para os outros. Antes, Ele o tornará num aroma de vida.

Com Vergonha, mas Não Envergonhado

Permita-me concluir este capítulo com mais um comentário sobre a oração tremenda de Davi no Salmo 69.

Não sejam envergonhados por minha causa aqueles que esperam em ti, ó SENHOR, Deus dos Exércitos; não sejam confundidos por minha causa aqueles que te buscam, ó Deus de

Israel. Porque por amor a ti tenho suportado afrontas; a confusão cobriu meu rosto. (Sl 69.6-7)

Davi disse que estava coberto de vergonha; e mesmo assim ele orou para que ninguém ficasse envergonhado por causa dele. Ele estava ciente da vergonha, mas ainda não estava envergonhado. Isto é porque há uma diferença entre a vergonha e estar envergonhado. Deixe-me explicar.

A vergonha se refere a sentimentos temporários de opróbrio que você experimenta quando a sua história não está concluída. Estar envergonhado tem a ver com como a história termina. Estar envergonhado é terminar o último capítulo da sua vida sem ter visto a libertação de Deus.

Quando você estiver coberto de vergonha, não fique perturbado por isso. Você pode enfrentar a vergonha enquanto está esperando em Deus, mas no final do dia, você não estará envergonhado. Ele cumprirá a promessa, responderá sua oração e completará a sua história. Seu último capítulo ainda será escrito.

O conselho de Davi é incontestável: espere em Deus!

O acordo de Isaías troveja ao longo dos séculos, nos prendendo com sua autoridade inabalável.

"os que confiam em mim não serão confundidos." (Is 49.23)

Aí está a pura força da declaração! Não poderia causar maior impacto. "Se você esperar por Mim, Eu nunca permitirei que você seja envergonhado no fim do dia".

Você pode passar vergonha enquanto a história estiver sendo escrita, mas Ele não permitirá que a sua vida termine em vergonha. Isto não acontecerá. Ele não permitirá. Você não será envergonhado. Você está esperando Nele e Ele justificará o testemunho da sua vida diante do céu e da Terra.

Movimentos Repentinos para Frente
Capítulo 9

O estilo de escrita de Deus é único. Ele vai levar você por um longo trajeto que parece não haver como avançar, e depois, de repente, vai atingi-lo com algo tremendo. Bem quando a jornada parecia interminavelmente enfadonha, *boom!* Deus entra no negócio e o leva para uma aventura divina.

As coisas estão devagar no momento? Você tem que saber algo sobre o estilo de Deus: a maior parte da jornada não é de sinos e assobios, é principalmente de um arado metódico. Mas quando Deus interrompe o seu tédio, os *flashes* de Sua mão que lançam você para o seu próximo capítulo são inesquecíveis – e valerão a pena contar.

Quando você quiser encorajar alguém que esteja numa longa estação de sequidão, um dos mais populares versículos citados é Jeremias 29.11, "Porque bem sei os pensamentos que tenho acerca de vós, diz o SENHOR; pensamentos de paz, e não de mal, para vos dar o fim que esperais". Que promessa poderosa! No entanto, quando vemos o versículo dentro do contexto, ele nos impacta ainda mais poderosamente. O versículo em seu contexto revela como Deus nos moverá para o nosso próximo capítulo, interrompendo dramaticamente um longo período de aparente inatividade.

O contexto do versículo era o cativeiro babilônico – um período de setenta anos, durante o qual Deus parecia calado diante das orações do Seu povo. Leia o versículo com essa perspectiva:

> *Assim diz o SENHOR: Certamente que, passados setenta anos na Babilônia, vos visitarei e cumprirei para convosco minha boa palavra, tornando-vos a trazer a este lugar. Porque bem sei os pensamentos que tenho acerca de vós, diz o SENHOR; pensamentos de paz, e não de mal, para vos dar o fim que esperais. Então me invocareis, passareis a orar a mim, e eu os ouvirei. (Jr 29.10-12)*

Jeremias os alertou que eles ficariam lá por um longo período. Todavia, Deus tinha uma palavra de esperança para o Seu povo. Após setenta longos anos de exílio, Deus estava planejando uma súbita e surpreendente intervenção, e os judeus seriam liberados para retornar para Jerusalém. A espera seria longa, mas terminaria numa dinâmica e dramática reversão de fortunas. Deus lhes restauraria para Jerusalém e para a Sua casa de oração.

Deus tem pensamentos semelhantes sobre a sua jornada. Ele já preparou um plano para a sua libertação. Mesmo que você tenha que esperar por isso, Ele planejou um tempo em que, repentina e dramaticamente, levará você ao seu futuro e à esperança.

O exílio babilônico de setenta anos e o subsequente retorno a Jerusalém é uma das histórias mais instrutivas da Bíblia sobre esperar em Deus. Para iniciantes, ela nos ensina sobre o paradoxo[6] de esperar.

---

6   A palavra "paradoxo" não está na Bíblia, mas é um conceito bíblico. Provérbios 1.6 usa a palavra "enigma" na NVI.

O Paradoxo de Esperar

Um paradoxo são duas verdades que aparecem, na superfície, para se contradizerem.

O paradoxo de esperar é especialmente articulado no livro de Habacuque (um livro que foi escrito poucos anos antes da invasão babilônica em Jerusalém).

Porque, se a palavra pronunciada pelos anjos permaneceu firme, e toda transgressão e desobediência recebeu a justa retribuição, como escaparemos se não atentarmos para uma tão grande salvação? Esta, começando a ser anunciada pelo Senhor, nos foi depois confirmada pelos que a ouviram; (Hb 2.2,3)

O paradoxo da espera é encontrado nestas palavras: "Ainda que tardar, espere-o, porque... não tardará." Ainda que tardar, não tardará. Como? A promessa de libertação tarda ou não tarda?

A libertação ocorre das duas formas. Ela tarda, e ela não tarda. Deixe-me explicar.

Habacuque profetizou que a Babilônia iria saquear e destruir Jerusalém e o templo. Deus prometeu ao Seu povo através de Habacuque que o tempo em que Ele julgaria Babilônia chegaria. Este julgamento prometido foi uma "visão" que daria poder para Israel enfrentar o cativeiro. Todavia, Ele não julgaria Babilônia tão cedo. O julgamento da Babilônia iria demorar – o que quer dizer, levaria um longo tempo para acontecer. Eles tinham que esperar com fé e paciência para Deus julgar a Babilônia. Como se sabe, eles tiveram que esperar setenta anos.

Todavia, Deus acrescentou esta garantia: "Não tardará". O que ele quis dizer foi que uma vez que chegasse o tempo para Babilônia ser julgada, isso aconteceria rapidamente. Seria uma queda repentina, e não um exercício militar moroso.

No momento desta promessa, todos pensavam que a Babilônia era invencível. A cidade da Babilônia era tão altamente reforçada que ninguém pensava que ela pudesse um dia ser tomada. Mas Deus disse que a Babilônia não apenas iria cair, mas que ela iria cair de repente e extraordinariamente.

De fato, foi exatamente como aconteceu. Bem num momento em que Babilônia parecia estar impenetrável, ela foi repentinamente tomada pelos Medo-Persas – e a cidade de Babilônia caiu numa noite. Isso aconteceu tão abruptamente que o mundo inteiro ficou em choque.

Então a profecia paradoxal de Habacuque foi cumprida. Eles tiveram que esperar setenta anos para o colapso da Babilônia chegar, mas uma vez que chegou, aconteceu de um dia para o outro. Os Medos e os Persas atacaram e tomaram a cidade numa única noite.

Aqui está o princípio paradoxal sobre esperar em Deus: *algumas vezes Deus demora muito para mudar tudo de repente.* Ele pode demorar um longo tempo para agir em seu favor, mas quando Ele entra em ação, esteja preparado. Deus está em movimento e a montanha no seu caminho vai cair rapidamente.

Este princípio é demonstrado várias e várias vezes na Escritura. Permita-me pontuar vários exemplos:

- Noé esperou por 100 anos, e depois, de repente, o dilúvio chegou.
- Jó esperou por muito tempo, mas depois, de repente, Deus entrou e mudou tudo.
- Abraão teve que esperar 25 anos para receber sua promessa, mas quando chegou, ela veio com uma avalanche de atividade divina e de benção.
- Jacó esperou até seus 130 anos, mas depois, de repente, a salvação do Senhor o visitou.

- José esperou na prisão por aproximadamente 10 anos, mas quando chegou o tempo para ele ser liberado, ele se levantou em um dia da prisão ao palácio.

- Moisés esperou por 40 anos intermináveis em Midiã, mas depois, de repente, Deus o liberou para liderar a nação de Israel.

- Noemi esperou em Deus depois da devastadora perda de seu esposo e filhos, mas depois, Deus, de repente, trouxe redenção em sua vida.

- Davi esperou no exílio por aproximadamente 10 anos, e depois, Deus deu o reino pra ele.

- Ezequias clamou a Deus e esperou por Sua libertação; quando Deus finalmente enviou Seu anjo, 185.000 assírios foram mortos em uma noite.

- Anna esperou em Deus em jejum e oração por perto de 60 anos, e depois, de repente, segurou em seus braços a resposta de suas intercessões.

Os caminhos de Deus conosco são ainda os mesmos. Você pode esperar por um longo tempo para Deus responder sua oração, mas quando Deus dá as dicas do dominó, esteja preparado. Você está aqui para uma jornada. Sua libertação "não tardará". E como meu amigo, Brian Ming, disse: "Ele é digno de ser esperado".

Uma razão de Deus demorar com seu avanço é porque Ele quer infundir mais tensão em sua história. Quanto mais forte o suspense, maior o impacto do clímax da história. Tem tudo a ver com a louvor do nome Dele. Ele está elaborando uma libertação para você que irá direcionar elevada glória para a fama do nome Dele. Glória a Deus!

Habacuque nos deu o paradoxo da espera, mas o dele é apenas um dos muitos livros do Antigo Testamento com uma mensagem brotando do cativeiro da Babilônia. Outro livro semelhante é Zacarias. Em seu livro, Zacarias também salienta a verdade de que longos períodos de espera em Deus são frequentemente interrompidos pelas Suas súbitas e poderosas intervenções.

Espere sua Montanha Cair

Zacarias escreveu num tempo em que o povo de Israel tinha acabado de retornar para Jerusalém do cativeiro Babilônico. O povo tinha um grande projeto diante deles: reconstruir o templo. Com recursos tão escassos à disposição deles, a expectativa de construir e finalizar o templo em Jerusalém elevou-se diante deles como um monte intransponível.

Mas Deus prometeu ao líder, Zorobabel, através do profeta Zacarias, que a montanha seria escalada e o templo finalizado.

Ele prosseguiu, dizendo: Esta é a palavra do SENHOR a Zorobabel: Não por força nem por violência, mas pelo meu Espírito, diz o SENHOR dos Exércitos. Quem és tu, ó grande monte? Diante de Zorobabel, serás uma campina; porque ele trará a primeira pedra com aclamações: Graça, graça a ela! (Zc 4.6-7)

Ao prometer à Zorobabel que o templo seria finalizado, Deus colocou diante dele uma figura impressionante. Ele disse que era como um monte que se tornaria numa planície. Se eles apenas continuassem perseverando e construindo, Deus lutaria por eles e faria um milagre. Um dia eles olhariam para o alto e veriam a montanha, aparentemente intransponível, agora estirada diante deles como uma vasta planície de possibilidades.

Através da profecia de Zacarias, Deus falou com o desafio que Zorobabel estava enfrentando e disse, "Quem és tu, ó grande monte?" Deus se referiu ao monte de Zorobabel como um "quem", e não um "que". Isso é porque o monte diante de você, às vezes, parece tomar uma forma pessoal ou uma identidade própria. É como se você pudesse dar um nome para o seu monte (medo, depressão, câncer, falência, etc.). Muitos montes que enfrentamos, na verdade possuem uma energia demoníaca por trás deles de uma forma ou de outra. A pergunta "Quem é você?", é na verdade, direcionada contra as forças espirituais das trevas que procuram impedir a sua jornada em Deus.

"Quem você pensa que é para se colocar no caminho dos Meus planos e propósitos para Meus filhos?"

Deus chamou o monte de "grande" – não porque Ele estava intimidado por ele, mas porque Zorobabel estava. Mas Deus repreendeu a altivez do monte. "Quem és tu?", Ele perguntou. Para Deus, o grande desafio diante do Seu povo era "menos do que nada" (Is 40.17).

Nessa passagem o Senhor contrastou um monte e uma planície. A simplicidade das imagens é frequentemente observada na natureza. Há muitas cidades nos Estados Unidos que são construídas numa planície diretamente adjacente a um monte. Alguns exemplos são Denver, Albuquerque, Salt Lake City, El Paso, Tucson, Phoenix e Colorado Springs. Em cada caso, a cidade é construída numa vasta planície, e então quando você chega no monte, todo o desenvolvimento se encerra e o deserto toma conta.

É na planície que você tem casas, escolas, bancos, restaurantes, lojas, indústrias, arranha-céus, trânsito, agricultura e milhões de pessoas. A planície representa aquilo sobre o que você pode plantar, construir e desenvolver.

É no monte que você tem precipícios rochosos, florestas, desertos, correntes de rios, animais selvagens, aves de rapina e até neve.

O monte representa solidão, dificuldade, adversidade, resistência, opressão e grandes desafios.

Deus declarou que o monte ameaçador que se opunha à Zorobabel iria se tornar uma planície produtiva e frutífera que alimentaria e sustentaria multidões. Deus quer fazer a mesma coisa com o monte que está diante de você. À medida que você espera Nele, o tempo chegará em que Ele derrubará o seu monte e o tornará em uma planície frutífera.

Há um monte em particular que Deus tornou em uma planície especialmente frutífera – refiro-me ao Monte Gólgota. Deus pegou o tenebroso e opresso monte do Calvário, o nivelou, e fez dele uma planície que agora alimenta o planeta todo com a bondade de Deus.

Como que você torna um monte como o Gólgota numa planície frutífera? "Nem por força nem por poder, mas pelo Meu Espírito, diz o SENHOR dos exércitos". É através do poder do Espírito que montes miseráveis são transformados em planícies frutíferas.

Deus quer tomar aquilo que tentou sufocar todo vestígio de frutificação em sua vida e aplaná-lo para que a fortaleza da esterilidade seja transformada num jardim de colheita abundante.

Quando o monte de Zorobabel caiu – quando o templo em Jerusalém foi finalmente concluído –, Zorobabel não se sentou e disse para si mesmo, "A guerra acabou. Agora é hora de relaxar". A conclusão do templo não era o fim do livro; era a introdução de um novo capítulo. Em outras palavras, a linha final era o início de uma corrida inteiramente nova. Agora que o trabalho iria começar pra valer.

A mesma coisa é verdade para você. Quando o seu monte é transformado numa planície, não significa que a sua história acabou. Ao contrário, será o começo de um novo capítulo. Agora que uma planície foi preparada diante de você, é hora de construir uma cidade naquela planície. Você ficará mais ocupado do que nunca. Será um tempo para cultivar a colheita na vida de muitas pessoas por causa do que Deus fez.

O clamor "Graça, dá-nos graça!" não é feito no monte. O clamor da graça irrompe depois que o monte for nivelado.

"Graça, graça" é falado na planície. Por quê? Porque agora que o monte se tornou uma planície, há uma planície inteira que precisa ser cultivada e desenvolvida. Se você já precisou da graça, será agora!

Massas serão atraídas para a nova planície nivelada e será o tempo de construir uma cidade.

A mensagem de Zacarias é muito similar à de Habacuque. Após uma longa estação de espera e perseverança, Deus irá repentinamente transformar um monte impossível numa planície frutífera. A longa espera será seguida de uma repentina atividade divina.

Esteja pronto para a isso. A transição desse capítulo para o próximo será provavelmente rápida e dramática.

Temos observado o monte de Zorobabel, agora vamos considerar o monte de Calebe.

A História de Calebe

Quando você está contando algumas das grandes histórias que Deus tem escrito com a vida das pessoas na Bíblia, você tem que incluir Calebe. A história da vida dele é simplesmente fantástica.

Calebe é o cara na Bíblia que recebeu um tratamento injusto. Ele é o cara que teve fé para entrar na terra prometida, mas por causa de outros caras que não tiveram fé para entrar, ele teve que cumprir quarenta anos no deserto com uma série de incrédulos murmuradores.

Isso é um tratamento injusto. Eu disse, "Deus, isso é maldoso".

Foi como que se Deus respondesse, "Olhe mais uma vez para a história de Calebe".

Depois que Calebe cumpriu os quarenta anos no deserto, ter entrado em Canaã, e a terra ter sido subjugada, era o tempo para a terra ser alocada aos israelitas. Josué foi quem dividiu a terra por herança para todos.

Josué disse para cada um à medida que chegavam, "Você recebe uma casa num campo". (As guerras de Canaã deixaram muitas casas desocupadas aguardando moradores).

"E você, recebe uma casa num campo."

Para outro, "Você recebe uma casa num campo".

Para ainda um outro, "Você recebe uma casa no muro" (era comum naqueles dias construir casas bem nos muros que cercavam as cidades).

O dia inteiro, Josué distribuía as porções. "Você recebe uma casa num campo". "Você recebe uma casa no muro".

E então chegou a vez de Calebe.

Calebe disse assim, "Eu não quero apenas uma casa num campo. Eu quero um monte". Eu posso imaginar uma megera, franzindo as sobrancelhas, "Quem Calebe pensa que é, pedindo por um monte? Todo mundo está recebendo apenas uma casa num campo".

Mas na verdade, eu não acho que alguém reclamou. A resposta deles provavelmente foi, "Calebe quer um monte? Dê um monte pra ele!"

Por que eles queriam tanto que Calebe herdasse um monte todo? Porque Calebe tinha cumprido o tempo. Ele tinha perseverado no deserto por quarenta anos. Ele gastou tempo suficiente no deserto que ele ganhou autoridade com Deus e credibilidade com o homem para pedir – e para tomar – um monte todo na graça de Deus.

Houve um tempo quando Calebe teria ficado feliz com uma casa num campo. Mas após você perseverar por quarenta anos num deserto, você não quer mais o que quis um dia. *O deserto tem uma maneira de mudar o que você pede.* Antes do deserto, Calebe teria pedido uma casa num campo; mas depois do deserto, ele queria mais. Agora, ele queria um monte.

Eu posso imaginar Deus, antes dos anos de deserto, pensando consigo mesmo, "Calebe, eu te amo. Você é o tipo de pessoa que me agrada. Eu amo a sua fé e a sua devoção. Eu tenho grandes coisas para você. Eu quero te dar um monte inteiro na graça. Mas se eu der uma montanha para você agora, neste lado do deserto, o clamor da nação será intenso e indignado. Todos irão considerar injusto se eu der a você a sua montanha agora. Então é isso o que eu vou fazer. Eu vou te conduzir por quarenta anos num deserto enriquecido com pulgas, infestado de piolhos, cheio com escorpiões e coberto de serpentes. Se você suportar em fé tamanha poeira, ao chegar do outro lado, você ganhará autoridade com as pessoas para pedir um monte inteiro".

Há alguns níveis de autoridade no reino que podem ser ganhos somente cumprindo o tempo. Você tem que percorrer a vastidão do deserto. Se você suportar, sairá com a autoridade para tomar e habitar nos grandes montes para o reino de Deus.

Cumpra o tempo. Suporte o enredo. Deixe Deus escrever a história. Hoje mais do que nunca, nós precisamos de mães e pais espirituais que têm perseverado no deserto e têm comprado a autoridade com Deus e a credibilidade com o homem para pedir e para tomar o monte inteiro na graça de Deus.

Antes de finalizarmos este capítulo, olhe comigo para apenas mais um versículo de deserto.

Deus Sacode o Deserto

Este é possivelmente meu versículo de deserto favorito na Bíblia.

A voz do SENHOR faz tremer o deserto; o SENHOR faz tremer o deserto de Cades. (Sl 29.8)

Era uma caminhada a pé de onze dias para chegar do Monte Sinai (onde Deus deu a Lei) até Kades[7], que ficava nos arredores de Canaã. Kades foi o lugar no deserto de onde Moisés enviou os doze espias para Canaã. Eles voltaram para Kades com um bom relatório sobre o fruto da terra, mas um péssimo relatório sobre as possibilidades de vencer os gigantes na terra. Por causa da sua incredulidade, a nação de Israel vagueou sinuosamente por quase quarenta anos. Após trinta e oito anos de andanças no deserto, eles retornaram para Kades pela segunda vez. Foi durante a segunda estadia em Kades que Deus lhes informou que suas andanças haviam terminado. Ele iria agora levá-los num caminho de propósito para a terra de Canaã.

Kades representa o lugar na sua jornada que você reconhece que, depois de anos a vaguear, completou o círculo inteiro e está de volta onde começou. E agora Deus sacode o seu deserto e declara com Sua poderosa voz, "É tempo de ir. Eu estou agora te levando para as suas promessas".

Kades é aquele lugar onde Deus interrompe a sua falta de propósito, Ele te liberta da rotina pelo poder de Sua voz, e te envia para uma nova trajetória dentro de sua terra prometida. Após anos de espera em Deus, você está repentinamente avançando ao seu destino.

Talvez o seu deserto pareça interminavelmente longo e sem propósito, mas continue andando e seguindo o Espírito Santo. Um dia a voz do Senhor irá sacudir o seu Deserto de Kades e o colocará em um novo curso de propósito e promessa. Persevere até que a voz Dele o lance para o próximo capítulo.

---

7   "Onze jornadas há desde Horebe, caminho da montanha de Seir, até Cades-Barneia." (Dt 1.2)

O Versículo Mais Difícil da Bíblia
Capítulo 10

Quando você está esperando por Deus para trazer um fim para uma longa estação de deserto, há uma Escritura que é o versículo mais desafiador na Bíblia para praticar.

Na verdade, a ideia contida neste versículo é também presente em outras passagens. Ela aparece convincentemente em Habacuque 3.16-19, e tem referências em outras passagens. Mas ele ocorre de forma mais sucinta e clara no livro de Tiago. Como segue:

> *Meus irmãos, tende grande alegria quando passardes por várias provações, (Tg 1.2)*

O versículo mais difícil da Bíblia.

Alguém pode discordar, "Eu não acho esse versículo tão difícil. Eu não acho que é tão difícil estar alegre em provações". Você pode se sentir desta maneira – até que uma tribulação, grande o suficiente apareça. Deixe algo como a luta de Jó atingir a sua vida, e você ficará impressionado do quão desafiador este pequeno versículo é.

Tiago se refere a "várias provações". Provação é apenas uma palavra refinada para dor.

"Conte tudo como alegria quando seus limites de dor explodirem pelo telhado."

"Conte tudo como alegria quando você for pego de surpresa pelo câncer."

"Conte tudo como alegria quando seu cônjuge se divorciar de você."

"Conte tudo como alegria quando seu filho sofrer um acidente de carro e estiver entre a vida e a morte na UTI."

"Conte tudo como alegria quando você perder seu emprego."

"Conte tudo como alegria quando a sua casa entrar em leilão."

"Conte tudo como alegria quando sua filha engravidar fora do casamento."

"Conte tudo como alegria quando você tiver um ataque do coração."

Se o versículo tivesse dito, "Conte tudo como depressão", você poderia ter cumprido com facilidade. Porque quando você passa por uma provação severa, a depressão é frequentemente uma de suas primeiras respostas. O desânimo está conectado com a ausência de alegria. Então o versículo está dizendo, "Não vá na direção da sua primeira resposta intuitiva. Tudo dentro de você quer ficar deprimido agora, mas a palavra do Senhor para você é, alegre-se. Torne-se alegre na agonia."

Como consideramos tudo como alegria no meio de circunstâncias horríveis? O caminho é encontrado nos próximos dois versículos.

sabendo que a provação da vossa fé produz a paciência. Tenha, porém, a paciência sua obra perfeita, para que sejais perfeitos e completos, sem faltar em coisa alguma. (Tg 1.3,4)

"Paciência" não é a melhor palavra para traduzir a palavra grega no texto original. "Resistência" (ou "perseverança") é mais precisa. "Sabendo que o teste da sua fé produz resistência." Deixe-me definir resistência na linguagem deste versículo.

Definindo Resistência

Resistência é *fé sustentada a longo termo em meio das provações*.

Quando o inferno todo desaba em sua vida, e você resolve fazer o que for necessário para permanecer em fé, isto é resistência bíblica.

Resistência é a determinação de segurar a fé, em meio a dor, não importa o quão difícil as circunstâncias se tornem.

Para permanecer em fé enquanto experimentamos um trauma, é necessária uma devoção sincera de violência espiritual (Mt 11.12). Jejum, oração e imersão na palavra são os componentes chave nesta determinação violenta. O desânimo deixou resíduos e a fé nos propósitos e intervenções de Deus precisam ser ganhos.

Quando você permanece em fé no meio de uma terrível provação, está liberando as mais poderosas forças imagináveis no reino de Deus. A resistência (fé que se sustenta em meio a dor) é tão transformadora que ela tem a habilidade de fazer em você o que nada mais pode. É isto que o versículo 4 está apontando: "Tenha, porém, a paciência sua obra perfeita, para que sejais perfeitos e completos, sem faltar em coisa alguma".

Quando você resiste em fé, libera forças que têm o poder de transformar tudo sobre você. É possível ser tão transformado que você sai da provação "perfeito e completo, sem falta alguma".

Esta é a promessa mais ampla da Bíblia. Há outras promessas bíblicas que se assemelham a essa (tal como Ef 3.19), mas eu desafio você a encontrar uma promessa mais ampla do que Tiago 1.4: "Perfeito e completo, sem falta alguma".

O versículo mais difícil da Bíblia pode provavelmente nos dar uma rasteira a não ser que vejamos sua justaposição como a promessa mais ampla na Bíblia.

O que parece, ser feito perfeito e completo, sem falta alguma?

Sem falta de graça, sem falta de conhecimento de Cristo, sem falta de intimidade com Deus, sem falta de justiça, sem falta de santidade, sem falta de amor, paz, longanimidade, benignidade, bondade, fé, mansidão, temperança; sem falta dos dons do Espírito, impondo as mãos sobre os enfermos e eles sendo curados, sem falta de autoridade espiritual, sem falta de humildade, sem falta de sabedoria, sem falta de poder, sem falta de fé, expulsando os demônios, sem falta de boas obras, sem falta no dar, subjugando as obras da carne, não amando sua própria vida até a morte, sem falta de discernimento.

Perfeito em doutrina, perfeito em oração, perfeito em esperança, perfeito em serviço, perfeito em humildade, perfeito no falar, perfeito em consagração, perfeito no temor do Senhor, perfeito na vontade de Deus, cheio de toda a plenitude de Deus.

"Perfeito e completo, sem falta de nada." As implicações desta promessa são incríveis. Resistência é o agente mais poderoso para uma transformação pessoal no reino!

Se há um caminho para perfeição que evita o sofrimento das provações, eu não sei. Mas eu sei que há um caminho comprovado pelo tempo, ordenado por Deus, endossado pela Bíblia, e infalível para a perfeição. Então, se Deus o coloca numa provação, maximize a oportunidade. Esprema da situação cada grama de ouro que você consiga extrair.[8]

Quando o seu espírito é tomado pela percepção que Deus está usando a provação para aperfeiçoá-lo de uma forma que

---

[8] "Aconselho-te que compres de mim ouro provado no fogo, para que te enriqueças..." (Ap 3.18)

nada mais poderia, imagine o que começa a tocar a sua alma. A alegria! O que o inferno buscou para amaldiçoá-lo, o céu projetou usar para a sua grande benção. Você está num caminho com Deus que aponta inevitavelmente para a resposta de oração.

Promessa de Intervenção

Enquanto escrevo este livro, tenho enfrentado uma provação há vinte anos. Eu entendi no desenrolar dessa história que Deus está me transformando mais profundamente do que nunca. Sinto-me como se estivesse num curso acelerado com Deus.

Então eu decidi me afastar e fazer um gráfico do meu progresso durante esses vinte anos. Olhando para a minha trajetória de crescimento acelerado, eu calculei que se Ele continuar a me transformar nesse ritmo, eu vou alcançar o "perfeito e completo, sem falta alguma" em aproximadamente 436 anos.

E aí fiquei depressivo de novo. "Eu *nunca* vou chegar lá!"

Foi aí que me lembrei. Há uma grande promessa escondida em Tiago 1.4. É a promessa que se eu permanecer em fé no longo prazo, mesmo que angustiado pela minha provação, chegará um dia quando Ele interromperá minha trajetória e fará por mim o que eu não consigo fazer sozinho. Ele irá intervir e me mover na direção do prêmio de uma forma sobrenatural.

Em outras palavras, quando eu resisto em fé a longo prazo, estou num percurso de colisão com um encontro divino de proporções bíblicas. Ele me encontrará em Sua bondade e me carregará para a finalização do meu presente capítulo.

Darei a ele abundância de dias e lhe mostrarei a minha salvação. (Sl 91.16)

Por esse tipo de esperança, eu posso contar tudo como alegria!

A Fé Inabalável de Abraão
Capítulo 11

Quando procuro por um exemplo bíblico de como Deus traz uma conclusão para uma espera aparentemente interminável, eu gosto de olhar para Abraão. Ele é o cara que teve aquele capítulo árduo de vinte e cinco anos.

Quando Abraão tinha setenta e cinco anos, Deus deu para ele uma promessa de um bebê milagroso, dando-lhe a certeza de que ele seria um pai de muitas nações (Gn 12.1-4). Todavia, Abraão não recebeu seu bebê milagre até que ele completasse cem anos. Por vinte e cinco anos, nada aconteceu. Nenhum milagre, nenhum bebê, nenhuma liberação. Abraão resistiu à incerteza e o conflito interior, esperando por Deus para cumprir Sua promessa. Deus estava usando a inatividade para aumentar o elemento suspense da história.

Foi esse período de vinte e cinco anos de aparente inatividade que é referido por Paulo neste versículo:

não duvidou da promessa de Deus por desconfiança, mas foi fortalecido na fé, dando glória a Deus, (Rm 4.20)

Quando o versículo descreve Abraão "dando glória a Deus", está apontando para a prática de Abraão de declarar a promessa de Deus com a sua boca. Abraão falava para as pessoas, "Deus me deu uma promessa e Ele irá cumprir a Sua palavra". Mesmo quando ele não tinha nenhuma indicação que Deus estava fazendo alguma coisa, ele ainda dava glória a Deus, afirmando que Deus era fiel à Sua Palavra.

O exemplo de Abraão nos ensina que não temos que esperar a nossa ruptura antes de darmos glória para Deus. Podemos dar a Ele glória mesmo enquanto Ele está no processo de escrever a história.

O orgulho quer que nos calemos. O orgulho diz, "Não diga às pessoas que Deus irá responder a sua oração. E se Ele não responder? Aí você realmente parecerá um tolo. Vá com calma. Seja humilde. Fique quieto até Deus responder."

Porém, manter a boca fechada é falsa humildade. É apenas uma forma carnal de preservar o orgulho. Para exercitar a verdadeira humildade, abra a sua boca e declare o que Deus está fazendo por você. Dê a Ele glória!

Ele Não Duvidou

O versículo declara que Abraão "não duvidou da promessa de Deus por incredulidade". *Mas Deus, como o Senhor pode dizer isto? O Senhor já leu a Bíblia?*

Qualquer pessoa que tenha lido Gênesis sabe que essa declaração não é verdadeira. Se você já leu a história de Abraão, você sabe que se alguém um dia já duvidou por incredulidade, foi Abraão. Ele foi como uma montanha russa, de altos e baixos e indecisão. Ele levou a incredulidade para um novo nível. Ele se especializou na arte da incredulidade.

O que o Senhor quer dizer, Deus, com "Ele não duvidou?"

Talvez você tenha lido a história sobre o tempo que Abraão e Sara uniram suas cabeças para ajudar Deus a suprir a promessa deles. Deus não estava cumprindo o que disse sobre o bebê deles, e eles não sabiam o que Ele estava pensando. Eles estavam pedindo muito Dele? Ele precisava de ajuda para sair de uma enrascada? O que quer que eles estivessem pensando, decidiram recorrer a ajuda de uma mãe substituta – e acabaram com Ismael (Gn 16.1-16). *Alô, Deus, nós temos um bebê para provar. O que o Senhor quer dizer com – ele não duvidou?*

Talvez você já tenha lido a história (Gn 20.1-18) quando Abraão disse para a sua esposa, "Meu bem, por favor, fale para o rei que você é minha irmã". Você entende, Sara era muito bonita. Então Abraão pleiteou com ela, "Querida, se o rei souber que você é minha esposa, ele me matará para ter você. Então, me faça este favor. Salve a minha vida. Fale para o homem que você é minha irmã."

Se eu tentasse essa artimanha com a minha esposa, ela iria definitivamente pensar que eu estava duvidando. E Abraão fez essa proeza duas vezes.

"Ele não duvidou" (Rm 4.20). *Você só pode estar brincando! Vamos, Deus, fala sério.* Se alguém duvidou, foi Abraão. O cara foi um exemplar na dúvida. Ele não apenas duvidou – ele vacilou até o fim.

Fortalecido na Fé

Mesmo assim, o Espírito Santo testifica, "Ele não duvidou da promessa de Deus por incredulidade, antes foi fortalecido na fé". O Espírito Santo testifica isso desde o tempo em que Abraão recebeu a promessa até que ele recebeu o cumprimento, ele foi "fortalecido na fé".

Deixe-me desenhar o versículo para você, para que você possa ver em forma de gráfico o que o versículo está dizendo.

No diagrama abaixo, a seta ascendente representa o crescimento da fé de Abraão.

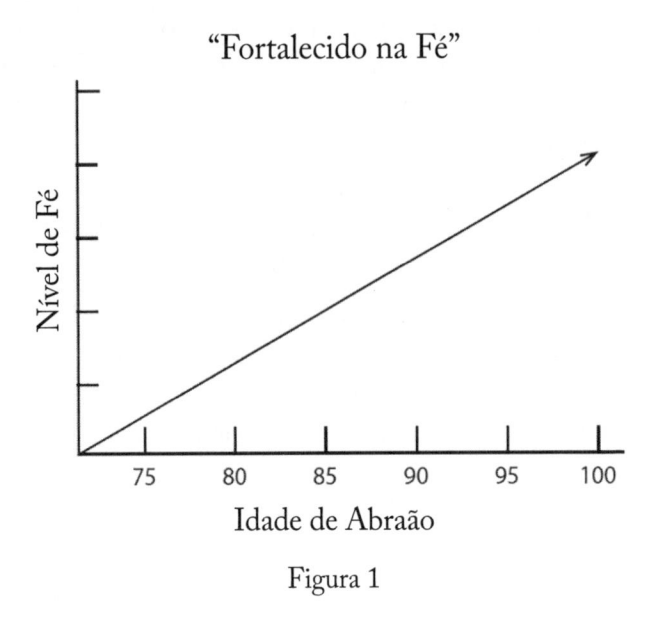

"Fortalecido na Fé"

[Gráfico: eixo vertical "Nível de Fé"; eixo horizontal "Idade de Abraão" com marcações 75, 80, 85, 90, 95, 100; seta ascendente do canto inferior esquerdo ao canto superior direito]

Figura 1

O Espírito Santo declara que do tempo que Abraão tinha setenta e cinco anos até os cem anos, ele foi "fortalecido na fé".

Em outras palavras, *quanto mais a resposta de Abraão demorava, mais forte a fé dele se tornava.*

Você entendeu? Deixe-me dizer de novo. Quanto mais Abraão caminhou sem resposta, mais forte ele se tornou em fé. Deixe-me dizer de novo. Quanto mais ele andou sem o seu milagre, mais ele creu em Deus para isso.

Isso é irracional. Isso não faz sentido para a mente natural.

Qualquer pensador racional sabe que não funciona dessa forma. O bom senso diz que quanto mais tempo estivermos sem algo, menores nossas chances serão de receber isso. A mente racional diz, "Após todos esses anos, é tempo de se alinhar com os fatos. Acorda para a vida! Você está esperando há quanto tempo pela resposta de Deus? Cinco anos? Dez anos? Quinze anos? É tempo de ser realista. Você ainda não recebeu, irmão, porque não vai receber."

Essa é a voz da razão. Essa voz faz sentido. Nós entendemos esse tipo de lógica.

Então, que tipo de fé é essa, que fica mais forte quanto mais tempo fica sem a resposta de Deus?

É a fé do reino. É a fé de Abraão. É a fé de Deus.

Eu vou ajustar nosso gráfico para representar com mais precisão o que está acontecendo nesse versículo. No quadro abaixo, eu quero que você veja como Abraão teve seus momentos de dúvida mesmo enquanto estava sendo fortalecido na fé.

"Fortalecido na Fé"

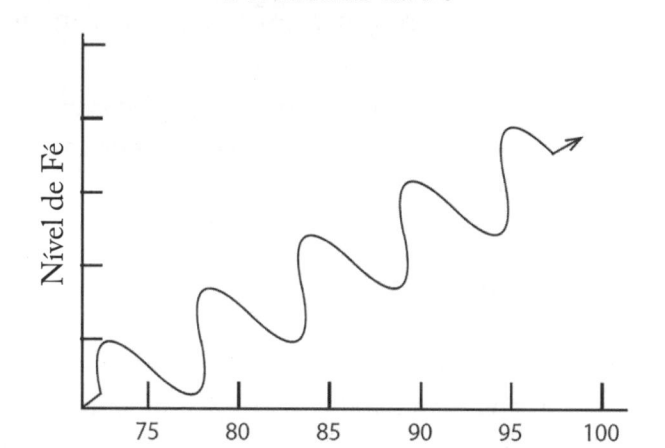

Figura 2

Abraão foi uma montanha russa de indecisões, mas quando você olha onde ele começou, e compara com onde ele terminou, é claro que ele foi fortalecido na fé.

Deus não estava olhando para os altos e baixos das emoções e sentimentos de Abraão; Deus estava olhando para a trajetória da sua fé.

Sim, Abraão teve momentos de fraqueza. Ele teve momentos quando sua fé desmoronou e murchou. Porém, para cada vale na linha do tempo de Abraão ele encontrava um caminho para sair do medo e se levantar de novo na fé verdadeira. Quando ele atingia um lugar de fraqueza, Abraão desenvolveu um mecanismo em Deus pelo qual ele se encorajava no Senhor. Ele envolvia seus dedos na promessa de Deus mais uma vez, e afirmava com todo seu coração, "Não, eu não me renderei às vozes da incredulidade. Deus falou comigo. Eu sei que foi Deus. Eu sei que foi a voz Dele. Ele me deu essa palavra. E eu sei que Deus é fiel à Sua palavra. Ele vai cumprir a Sua promessa. Ele vai finalizar a minha história. Ainda não acabou. Eu creio em Deus!"

Ao se levantar em verdadeira convicção, a fé novamente estendia as velas da embarcação de Abraão. Cada mergulho era seguido por um subsequente aumento.

Deus olhava para a trajetória de Abraão no decorrer dos anos, viu que ele tinha mais fé do que ele tinha nos anos anteriores, e declarou sobre a vida dele, "Ele não duvidou".

A Matemática de Deus

É assim que Deus faz a conta. Ele olha para todos os mergulhos da sua jornada e tira todos os seus momentos baixos – porque Ele não está depressivo quando você está. Depois Ele olha para todos os picos da sua jornada e tira todos os momentos altos – porque quando você está num "momento profético" Ele não fica muito impressionado. Uma vez que Ele nivela seus altos e baixos, você é deixado com a sua trajetória (e voltamos para a Figura 1). Quando Deus vê que sua trajetória está crescendo, Ele declara sobre a sua vida, "Ele não duvidou".

Deus não mede sua jornada espiritual em *dias*. Alguém pode dizer, "Ui, esse foi um dia difícil!" Mas Deus não presta atenção. Ele nem sequer nota quando você tem um dia ruim.

Deus não mede a sua jornada espiritual em *semanas*. Alguém suspira, "Semana passada? Credo! Que semana horrível!" Deus não pensa duas vezes.

Deus nem sequer mede sua jornada espiritual em *meses*. Você pode pensar, "Obrigado, Deus, porque o mês passado acabou! Ufa, o mês do inferno!" Ele nem sequer aparece como um ponto na tela de Deus.

O negócio com Deus não é se você teve um bom ou mal dia; uma boa ou má semana; um bom ou mal mês. A questão com Deus é: *Onde você estará neste tempo no próximo ano?*

Entenda isto. *Deus mede sua jornada em anos.*

Deus não está perguntando se você está tendo uma boa semana ou um bom mês. A questão com Deus é, você está numa trajetória com Ele na qual você estará fortalecido na fé daqui um ano?

A pergunta de Deus é onde você estará em cinco anos? Onde você estará em dez anos? Onde você estará em vinte anos? Você estará crescendo em fé, dando glória a Deus?

Essa verdade é libertadora para mim, pessoalmente, porque eu sou uma montanha russa extraordinária. Algumas vezes me sinto como um duvidoso profissional. Eu sou uma coisa às 9h00 da manhã e outra coisa diferente às 14h00. Eu não presto mais atenção nisso.

Na verdade, nem me pergunte que tipo de dia eu estou tendo, porque eu nem me importo. Bom dia / mau dia; boa semana / semana ruim; bom mês / mês ruim – não faz diferença. Por quê? Porque eu coloquei a minha visão no próximo ano. Em dez anos. Em vinte anos.

Pela graça de Deus, Eu vou continuar pressionando na Sua palavra, e no Seu Espírito, e neste tempo no próximo ano, eu estarei mais forte na fé do que eu estou hoje. Por quê? Porque eu estou sendo "fortalecido na fé!"

Recusando Acusação

Alguém pode me dizer, "Bob, a razão de você ainda não ter o seu milagre é porque não tem fé suficiente". Bom, pra mim isso não é óbvio. Com certeza, eu não tenho fé suficiente. Quem é que já teve fé suficiente?

Mas, eu tenho mais fé do que eu já tive! Por que eu digo isso? Porque quando eu olho onde estava vinte anos atrás, e considero onde estou hoje, percebo que tenho mais fé operando em meu espírito hoje do que tinha vinte anos atrás. Estou sendo "fortalecido na fé".

Porém, eu não tenho tanta fé como eu ainda terei. Por que eu digo isso? Porque estou sendo "fortalecido na fé". Eu vou continuar nesta batalha da fé, independentemente dos altos e baixos do dia-a-dia. Pela graça de Deus, eu vou continuar a crescer em fé até que eu fique "perfeito e completo, sem falta de nada".

Uma razão pela qual eu estou falando sobre nossos altos e baixos é porque o acusador tenta usá-los contra nós. Ele cochicha coisas como. "Deus realmente te deu algumas promessas tremendas, e Ele realmente vai escrever uma linda história com a sua vida; mas você se antecipou do enredo. Você é um caso perdido. Você é um desastre. Você só tem a si mesmo para culpar. Você se desqualificou da história."

Isso é uma mentira. Ele apenas quer que você aborte a história. Ser uma montanha russa não te desqualifica. O que te desqualifica é se você abandona a sua trajetória.

Seja fortalecido novamente nas Suas preciosas promessas, permaneça na história, e Deus finalizará o que Ele começou em sua vida.

*Parte 3: Uma História de
Proporções Bíblicas*

Traição, Perda, Trevas,
Ressurreição

A Pessoa Mais Mencionada
Capítulo 12

Nesta seção final, eu quero contar uma história – uma história que graficamente ilustra as gloriosas verdades que nós conhecemos. Na verdade, eu a considero uma das melhores histórias da Bíblia. E, no entanto, é raramente contada. Se é contada, não é geralmente a partir de uma perspectiva mais útil.

Trata-se da história da pessoa cujo nome aparece com muita frequência na Bíblia.

É assim que eu penso. Eu calculo que se o nome de alguém aparece muito na Bíblia, isso aponta de uma forma indireta para a importância da sua vida. A conexão pode estar perdida, mas deve haver um tipo de conexão entre o número de vezes que o nome de uma pessoa é mencionado e o significado do seu papel na história cósmica da redenção.

Com essa possibilidade em mente, eu fiz uma contagem dos nomes que aparecem na Bíblia com mais frequência. Eu descobri que há sete personagens bíblicos cujos nomes são mencionados mais de 300 vezes na Bíblia.

O número sete na lista é Arão. O nome de Arão é mencionado 322 vezes porque ele foi o primeiro sumo sacerdote no tabernáculo de Moisés. As frequentes menções são compreensíveis por causa do seu papel fundamental no início do tabernáculo.

Eu não tenho certeza se você quer ser o sexto em alguma lista da Bíblia, porque seis é considerado o número do homem. Ele não é sempre um número elogiado. Por exemplo, 666 é o número da besta (Ap 13.18). Então, quem fica com o número seis? Saul, o primeiro rei de Israel. Seu nome foi mencionado 394 vezes.

Judá é o quinto na lista. A conta do nome salta de 394 de Saul para 832 de Judá. A linhagem real vem da tribo de Judá, por isso as frequentes menções.

Chegando ao número quatro, Moisés. Seu nome é mencionado 851 vezes, o que é compreensível considerando o papel fundamental de Moisés em conduzir Israel para fora do Egito e pelo deserto.

Chegando ao número três? Jesus. É certamente apropriado que Seu nome apareça 980 vezes na Bíblia, pois Ele é a própria personificação da nossa salvação e redenção.

Chegando ao número dois, Davi. Jesus ficou em pouco menos de mil, e Davi um pouco mais de mil – com 1087 menções. Sua história é estrategicamente central no reino, então parece bastante razoável que uma figura tão importante seja mencionada com muita frequência.

Quem ficou com a posição do número um? Interessantemente, a conta dá um salto repentino e sem precedentes, de perto de mil para perto de três mil menções. O homem mencionado com maior frequência pelo nome na Bíblia é citado (surpresa!) três vezes mais frequente que Jesus. Jesus foi 980, mas a conta deste homem é de 2930.

Quando eu disser o nome deste homem, você vai pensar que eu estava sendo traiçoeiro com isso, porque ao nosso líder na contagem foi dado, na verdade, dois nomes na Bíblia. Seus pais naturais deram-lhe o nome de Jacó, mas depois o Senhor lhe deu o nome de Israel. Quando você conta as ocorrências de Jacó (363) e Israel (2567) na Bíblia, e então somando-se os dois, chegamos em 2930 menções. Ninguém mais chega perto.

O que eu quero dizer é, eu acho que o cara é importante.

Em seus salmos, Davi teve uma fixação mais forte com Jacó do que os outros pais. Eu compartilho da preocupação de Davi.

Para esclarecer, mesmo que o nome de Jacó apareça três vezes mais frequente do que Jesus, eu não estou insinuando que Jacó seja três vezes mais importante do que o Cristo. Nunca! Somente Jesus é a pedra principal, o Cordeiro crucificado, o cabeça da Igreja, e o Senhor da glória. Eu estou apenas pontuando que Jacó foi o personagem mais crucial no roteiro da história redentora que muitas pessoas comumente reconhecem.

Venha comigo, por favor, enquanto pesquisaremos a vida de um dos personagens mais interessantes de toda a Escritura.

Dois Irmãos
Capítulo 13

Jacó teve um irmão gêmeo chamado Esaú, e a rivalidade entre os dois parece ter começado no parto. Esaú nasceu primeiro, mas Jacó saiu logo atrás dele com seus dedos envolvidos no calcanhar de Esaú.

A competição somente cresceu à medida em que se tornaram adultos. Como o primogênito, Esaú naturalmente herdou o direito de primogenitura. Talvez o maior benefício para o filho com o direito de primogenitura era que ele herdaria duas vezes mais da herança da família do que os outros filhos. Somente um terço das possessões de Isaque iria para Jacó, sendo assim, dois terços seria de Esaú. Jacó teve seus olhos no direito de primogenitura, e finalmente encontrou uma oportunidade de fazer uma permuta.

Esaú chegou em casa um dia vindo do campo, cansado e faminto. Quando ele viu que Jacó tinha feito um guisado saboroso, Esaú pediu um pouco da refeição. Jacó se aproveitou da oportunidade e ofereceu dar a comida para Esaú como troca pelo direito de primogenitura.

Em sua condição esgotada, Esaú disse, "Olha, eu estou quase morrendo, então o que é este direito de primogenitura pra mim?" (Gn 25.32). Então Esaú fez um juramento de dar a Jacó o direito de primogenitura em troca do guisado. Assim, Esaú valorizou satisfazer seus apetites carnais mais do que os benefícios do direito de primogenitura.

Mas a rivalidade ainda não havia terminado.

Pensando que pudesse morrer logo, Isaque decidiu que era tempo de outorgar a Esaú a benção devida para o filho primogênito. Ele instruiu Esaú a caçar um animal e preparar a carne para que ele pudesse comer e abençoá-lo.

Ouvindo por cima a conversa, Rebeca rapidamente concebeu um plano para Jacó fingir ser Esaú e roubar a benção do seu pai. Ela mandou Jacó matar dois cabritos para que ela pudesse preparar uma comida saborosa. Isaque estava cego devido à idade, então, havia esperança de enganá-lo. Entretanto, ele ainda podia tocar, sentir cheiro e ouvir, então Rebeca precisava de uma maneira para enganar aqueles três sentidos que ainda estavam funcionando.

Como passar pela audição de Isaque? Jacó conseguia abafar sua voz como se estivesse afetado por alergias ou laringites. E quanto à habilidade de Isaque sentir cheiro? Jacó poderia usar uma das roupas suadas de Esaú. E quanto ao tato? Ela poderia colocar pele de cabrito no pescoço e nos braços de Jacó para se assemelhar às características cabeludas de Esaú. Desta maneira, ela planejou uma forma de Jacó convencer seu pai de que ele era Esaú.

Jacó colocou a roupa e a pele de cabrito, entregou a comida para seu pai, e deu um jeito de receber a sua benção. Assim, ele enganou seu pai para receber a benção apropriada ao primogênito.

Eu pensava que Jacó tinha feito tudo isso porque ele estava debaixo da influência de sua mãe. Mas depois eu fiz a matemática na linha do tempo de Jacó. Você sabe quantos anos Jacó tinha quando fez essa proeza? Aproximadamente setenta e cinco! Eu não acho que isso foi meramente uma influência materna. Eu acho que ele sabia o que estava fazendo.

Isso nos faz questionar que tipo de homem Jacó realmente era. Ele era um trapaceiro, um malandro, um canalha conivente? Ele era um oportunista egoísta? Quem era esse homem, realmente, no âmago do seu ser?

O livro de Salmos nos dá a resposta: "Esta é a geração daqueles que buscam, daqueles que buscam a tua face, ó Deus de Jacó." (Sl 24.6). Este versículo revela que, na essência da sua pessoa, Jacó era alguém que buscava a face de Deus. Ele representa todos aqueles que buscam a Deus. Se você é alguém que busca a Deus, você tem o coração de Jacó.

Jacó tinha uma zelosa paixão pela sua herança em Deus e estava disposto a fazer qualquer coisa para obtê-la.

"Mas", eu posso imaginar alguém reclamando, "ele não buscou a Deus da maneira certa".

Verdade. Mas nem você o fez. Nenhum de nós jamais orou a oração correta nem clamou o clamor correto para alcançar a Deus. Nós somos incapazes de buscar a Deus na forma perfeita. Na verdade, o livro de Apocalipse revela que Deus direciona anjos para acrescentar incenso às orações do Seu povo (Ap 8.3-4), porque se a oração fosse direta para ele sem o acréscimo do "adoçante" do incenso, ela o irritaria tanto que possivelmente seria rejeitada.

Jacó personifica a inadequação de todos nós em buscar a Deus de maneira correta. E ele também personifica a bondade e misericórdia de Deus para superar nossas imperfeições, ver o alcance sincero de nossos corações e nos recompensar com o favor do Senhor. Não recebemos nada de Deus porque oramos a oração certa; recebemos de Deus porque Sua misericórdia é tão vasta como o universo (Sl 36.5).

Jacó chegou onde chegou porque Deus teve misericórdia dele.

Vaso de Misericórdia

Na verdade, Jacó é um dos exemplos mais perfeitos na Bíblia inteira de um objeto de misericórdia. Quando eu digo "objeto de misericórdia", eu estou pegando emprestado a linguagem de Romanos 9.22-23, onde é descrito dois tipos de pessoas na Terra: aqueles que são vasos da ira de Deus e aqueles que são vasos de Sua misericórdia. Deus escolheu fazer de Jacó um vaso de misericórdia, e a profusão da misericórdia na vida dele foi muito notável.

Antes de eu desenvolver esse pensamento, deixe-me voltar um pouco e definir misericórdia. Quando entendemos a natureza da misericórdia a sua presença na vida de Jacó, tudo faz sentido.

Misericórdia e graça são algumas vezes agrupadas, mas elas não são a mesma coisa. Uma das formas mais comuns para distingui-las é com estas definições:

"Misericórdia é quando Deus não me dá o que eu mereço."

"Graça é quando Deus me dá o que eu não mereço."

Essas definições são precisas, mas elas não representam totalmente a profundidade dos dois conceitos. O significado da misericórdia floresce quando o vemos como definido pela primeira ocorrência na Bíblia. A "lei da primeira menção" é um princípio de interpretação bíblica, que sugere a primeira menção de uma palavra ou conceito na Bíblia estabelecendo um precedente, definindo e moldando como aquela palavra deve ser interpretada nas Escrituras.

"Misericórdia" aparece pela primeira vez na Bíblia na história de Ló.

Ao amanhecer, os anjos apertaram com Ló, dizendo: Levanta--te, toma tua mulher e tuas duas filhas que aqui estão, para que não pereças na injustiça desta cidade. Ele, porém, demorava-se, e aqueles homens o pegaram pela mão, pela mão de sua mulher, pela mão de suas duas filhas, sendo o SENHOR misericordioso com ele, tiraram-nos e puseram-nos fora da cidade. Aconteceu que, tirando-os para fora, um deles disse: Escapa por tua vida. Não olhes para trás, nem pares em toda esta campina. Foge lá para o monte para que não pereças. (Gn 19.15-17)

Note como Deus mostrou sua misericórdia para Ló. Os anjos o tomaram pelas suas mãos com sua família e os guiou – sim, encurralaram e quase os arrastaram para fora da cidade de Sodoma.

Ló não teria deixado a cidade pela sua própria força. Não que ele tenha se rebelado contra o comando do Senhor para fugir da destruição da cidade. Ele era simplesmente cabeça dura, tolo, ignorante, duro de coração, distraído. O alerta dos anjos não estava penetrando seu poder cognitivo. Ele estava demorando por causa da perplexidade. Então o Senhor teve misericórdia dele. Um anjo o tomou pela sua mão e com misericórdia o guiou num percurso para salvar a sua vida.

Baseado nesse incidente, venho valorizar esta definição de misericórdia: misericórdia é a bondade de Deus para conduzi-lo no caminho em que você precisa ir, a despeito de você mesmo.

A Misericórdia o posiciona na direção certa. *A Graça* dá a força e o momento certo para seguir na direção certa.

Eu sou muito grato por Deus ter me feito um vaso de misericórdia. Isso significa que Ele está constantemente e recorrentemente recalculando meu percurso e me colocando de volta nos trilhos – mesmo quando em fraqueza e angústia eu frequentemente me desvio. Que gloriosa misericórdia! E como eu, desesperadamente, preciso dela.

Nós vemos este tipo de misericórdia demonstrada frequentemente sobre Jacó. Na verdade, o Salmo 24 (citado anteriormente) mostra o quão misericordioso Deus era com Jacó. Leia novamente.

Quem subirá ao monte do SENHOR, ou quem estará no seu lugar santo? Aquele que é limpo de mãos e puro de coração, que não entrega sua alma à vaidade, nem jura enganosamente, este receberá a bênção do SENHOR e a justiça do Deus da sua salvação. Esta é a geração daqueles que buscam, daqueles que buscam a tua face, ó Deus de Jacó. (Selá) (Sl 24.3-6)

Porque Jacó buscou a face de Deus, Deus o levou para o monte do Senhor. Jacó se apresentou no santo lugar.

Ainda assim, quando olhamos para as qualificações para permanecer diante de Deus, Jacó falhou em três de quatro qualificações. Fomos ensinados que aquele que permanecer no lugar santo deve cumprir quatro exigências:

1. Ele deve ter mãos limpas.

Bom, Jacó falhou nesta. Ele tinha pele de cabra ensanguentada nas suas mãos quando enganou seu pai fazendo-o acreditar que ele era Esaú. Ele foi reprovado na primeira prova.

2. Ele deve ter um coração puro.

Bom, Jacó certamente não alcançou esse padrão. Poderia um homem com um coração limpo se aproveitar da fome do seu irmão e coagi-lo a vender seu direito de primogenitura por uma refeição?

3. Ele não deve elevar a sua alma a um ídolo.

Bom, pelo menos temos uma qualificação que Jacó não violou. Não há registro na Escritura que ele jamais tenha se inclinado a um ídolo.

4. Ele não deve jurar enganosamente.
Jacó estragou tudo aqui! Ele descaradamente mentiu para o seu pai. "Eu sou Esaú". Seria difícil encontrar um exemplo mais claro de jurar enganosamente na Escritura.

Jacó falhou em três das quatro qualificações para permanecer na presença de Deus, e ainda assim Deus foi misericordioso com ele e o trouxe para a Sua presença.

Por quê? Porque Ele amou o fato de que Jacó, na essência do seu ser, queria Deus.

A história de Jacó testifica poderosamente a misericórdia de Deus. Por si mesmo, Jacó nunca teria chegado nem perto do seu destino divino. Deus, por misericórdia, interveio e o conduziu ao Seu santo lugar.

De forma interessante, a misericórdia de Deus é atraída para aqueles que nós naturalmente consideraríamos mais improváveis. Esaú parecia ser o candidato mais provável, mas foi Jacó quem recebeu misericórdia. E o apóstolo Paulo, como outro exemplo, clamou para receber misericórdia especificamente porque ele pecou mais do que qualquer outro, em evidente ignorância e incredulidade (veja 1Tm 1.13-16).

A misericórdia é dada para aqueles que menos merecem. Isso é certamente boas novas para nós!

Jacó Roubou a Benção?

Eu pensava que Jacó tinha roubado a benção de Esaú. Entretanto, não foi assim que Deus viu. Foi assim que o Espírito Santo interpretou aquele evento:

Que ninguém seja fornicador ou profano, como Esaú, que por um manjar vendeu o seu direito de primogenitura. Porque bem sabeis que, querendo ele ainda depois herdar a bênção, foi rejeitado, porque não achou lugar de arrependimento, ainda que, com lágrimas, o tenha buscado. (Hb 12.16,17)

Essa passagem não diz que Jacó roubou a benção de Esaú. Ela diz que Deus rejeitou Esaú de recebê-la. Deus poderia ter facilmente dado a Esaú uma benção igualmente grande, mas o espírito de Isaque estremeceu quando ele tentou abençoar Esaú. Isaque não poderia dar a Esaú o que não recebesse do Espírito. Por outro lado, ao abençoar Jacó, o Espírito da profecia se moveu dentro de Isaque.

Nenhum homem pode roubar a benção que Deus tem para você.

Eu não consigo imaginar o que acontece dentro da alma da pessoa que percebe, "Deus me rejeitou". Todas as almas no inferno conhecem esse sentimento. Rejeitado por Deus. Assustador!

Por outro lado, Jacó foi aceito por Deus – não porque ele era menos pecador que Esaú, mas porque ele ansiava por Deus.

O que esse versículo quer dizer quando diz que Esaú "não encontrou lugar de arrependimento"? Ao invés de reconhecer a apatia do seu coração e se arrepender disso, ele só conseguiu ver a falta de Jacó e acusar seu irmão. Suas lágrimas não foram lágrimas de arrependimento pelo seu próprio pecado, mas de ira e frustração pelo pecado do seu irmão. Esaú se viu como uma vítima, não como um pecador. Mesmo que ele tenha procurado a benção com lágrimas, ele foi rejeitado por Deus porque não se arrependeu.

Concluímos, portanto, que embora Jacó tenha enganado seu pai, ele não recebeu a benção de Esaú. Ao invés, ele recebeu a benção que Deus tinha em Seu coração para ele.

Amado e Rejeitado

Por que o Senhor disse, "Amei Jacó, mas rejeitei Esaú" (Ml 1.2-3)? O Senhor amou a Jacó porque ele era um cara muito legal, mas rejeitou Esaú porque ele era um grande idiota? Não, não era nada disso. Alan Vincent, em seu excelente livro *The Good Fight of Faith*, sugere que, no quesito de personalidade, Esaú foi o homem mais simpático. As escolhas de Deus não são baseadas na "simpatia", mas no que Ele vê no coração.

Jacó tinha um desejo fervoroso por Deus, e Deus amava isso nele. Por outro lado, Esaú era indiferente sobre a sua herança espiritual, e eu creio que era isso que Deus rejeitou em Esaú.

Em termos práticos, como que o amor e a rejeição foram expressos? O que queria dizer ser amado ou rejeitado por Deus?

Aqui está como Deus demonstrou Seu amor por Jacó: Ele fixou Seus olhos nele. Deus tinha um ávido interesse em cada aspecto da vida de Jacó. O dia chegaria quando Jacó andaria mancando por causa daquela atenção divina.

E aqui está como Deus demonstrou Sua rejeição por Esaú: Ele simplesmente deixou Esaú sozinho.

Estar debaixo dos olhares de Deus é incrivelmente intenso! Davi quis a atenção de Deus, então ele orou, "Olha para mim e tem piedade de mim" (Sl 119.132).[9] Depois, quando ele estava sob os olhares de Deus, era muito mais intenso do que esperava, então ele mudou de ideia e implorou, "Desvia de mim os teus olhos... antes que eu me vá e deixe de existir" (Sl 39.13). Jó disse isso dessa forma, "Até quando não apartarás de mim a tua vista, nem me largarás, até que eu possa engolir a minha saliva? (Jó 7.19).

Ser amado por Deus – estar debaixo dos Seus olhares – foi verdadeiramente muito preocupante para Jacó. Aquele olhar

---

9   Alguns atribuem o Salmo 119 a Davi, mas ninguém sabe ao certo quem o escreveu.

significava que ele era perseguido pelos céus em todos os seus dias. Como resultado, ele experimentou muitas provações e sofrimentos (veja Gn 47.9).

Quando você olha para a vida de Esaú, o oposto é notável. Ele era "a vida abençoada". Esaú tinha mulheres, filhos, netos, proteção, honra, estabilidade, amigos, uma boa fortuna, abundância e serenidade. Com base no que é externo, Esaú parecia estar vivendo debaixo do favor divino. Ele estava estabelecido, sossegado em sua própria terra, e cercado por sua posteridade em paz e tranquilidade.

Por que a vida de Esaú estava marcada por tamanha tranquilidade e prosperidade? Porque Deus o deixou sozinho. Por que a vida de Jacó foi marcada por tanta aflição e provação? Porque Deus não deixava o seu caso.

Então há basicamente duas alternativas para nós: estar debaixo do olhar de Deus, ou ser ignorado por Ele.

Estar debaixo do escrutínio divino é extremamente rigoroso. A única coisa pior do que isso é a indiferença divina.

Senhor, sou consciente de que não entendo completamente as implicações do que eu estou para dizer, mesmo assim, aqui está a minha simples oração. Não me deixe sozinho. Não me deixe à mercê dos meus próprios instrumentos e caminhos. Interrompe minha vida, põe os teus olhos sobre mim, e guia-me em tua misericórdia e verdade. Ama-me como o Senhor amou a Jacó!

O Voto de Betel

Capítulo 14

Esaú guardou um sentimento de rancor contra o seu irmão por causa da benção que Jacó tinha recebido enganosamente de seu pai. Secretamente resolveu em seu coração que, quando seu pai morresse, ele mataria Jacó.

Consciente da hostilidade do seu irmão, Jacó decidiu ir embora até que a ira do seu irmão cessasse. Debaixo da direção dos seus pais, ele embarcou numa jornada para a casa do seu tio Labão em Harã.

Neste tempo, Esaú já tinha se casado com duas mulheres há trinta e cinco anos, mas Jacó era ainda solteiro e de aproximadamente setenta e cinco anos. Ele esperava encontrar uma boa esposa entre os parentes de Labão.

Na sua jornada, ele parou uma noite num lugar que mais tarde seria chamado de Betel. Ele encontrou uma pedra lavrada para usar como travesseiro.

Naquela noite teve um sonho de uma escada que, da terra alcançava o céu, com anjos subindo e descendo. O Senhor estava no topo da escada e falou com Jacó.

O SENHOR estava em cima dela e disse: Eu sou o SENHOR, o Deus de Abraão, teu pai, e o Deus de Isaque; esta terra, em que estás deitado, darei a ti e à tua semente. E tua semente será como o pó da terra e se estenderá ao ocidente, ao oriente, ao norte e ao sul, e em ti e em tua semente serão benditas todas as famílias da terra. Eis que estou contigo; te guardarei por onde quer que fores e te farei tornar a esta terra, porque não te deixarei, até que te haja feito o que prometi. (Gn 28.13-15)

Note que Ele ainda não era o Deus de Jacó. Ele se apresentou como o Deus dos seus pais Abraão e Isaque, mas Ele não admitiu ser o Deus de Jacó.

Depois o Senhor fez uma série de promessas para Jacó que reconhecemos como as mesmas promessas feitas para Abraão. Deus estava assegurando para Jacó que ele, não Esaú, iria herdar as bênçãos prometidas para Abraão.

Depois o Senhor disse, "Eu não te deixarei até que Eu tenha feito o que Eu te falei". Ele estava afirmando que enquanto a promessa não se cumprisse, Ele mesmo estaria ao lado de Jacó.

A presença acompanha a promessa. Sempre que Deus dá uma promessa, Ele participa dela com Sua presença. Sua presença preserva e protege a promessa até que ela se cumpra.

Em resposta à maravilhosa garantia do Senhor, Jacó fez um voto.

Há diferentes tipos de votos na Bíblia. Um tipo é um voto condicional. Que promete fazer certas coisas se Deus fizer certas coisas. Um voto condicional frequentemente soa como algo assim: "Deus, se o Senhor responder a minha oração, então eu farei isso e isso."

Um dos votos bíblicos mais famosos deste tipo é o voto de Ana. Ela votou ao Senhor que se Ele lhe desse um filho, ela o daria de volta para Ele. Ele aceitou. Ele lhe deu Samuel, e ela foi fiel ao seu voto – ela o devolveu para Deus (veja 1Sm 1).

Semelhantemente, Jacó fez um voto condicional para o Senhor.

E Jacó fez um voto, dizendo: Se Deus for comigo e me guardar nesta viagem que faço, e me der pão para comer e vestes para vestir, e eu em paz tornar à casa de meu pai, o Senhor me será por Deus, (Gn 28.20,21)

Jacó tinha uma lista de condições. "Deus, se o Senhor fizer isto, isto, isto, isto e isto, então o Senhor será o meu Deus." Jacó estava afirmando que o Deus dos seus pais ainda não era o seu Deus. Entretanto, se Deus atendesse às condições do seu voto, então Jacó selaria uma aliança com Ele.

Uma vez proferido, este voto constituiu um dos momentos mais importantes da vida de Jacó. O resto da sua história desenrolou ao redor da confirmação deste voto e de suas implicações. Vamos lá.

Peniel
Capítulo 15

Os próximos vinte anos foram gastos em Harã com a família do seu tio Labão. Aqui vai um rápido resumo do que aconteceu durante aquele tempo.

- Jacó se apaixonou pela filha mais nova de Labão, Raquel, e concordou em trabalhar por sete anos pela sua mão em casamento.
- Ele foi enganado por Labão para se casar com a sua filha mais velha, Lia, ao invés de Raquel.
- Jacó trabalhou mais sete anos para que pudesse ter Raquel. Desta forma, ele serviu Labão quatorze anos pelas duas filhas.
- Depois, ele se casou com a serva de Lia, Zilpa, e com a serva de Raquel, Bila.
- Em menos de treze anos, Jacó foi pai de onze filhos com quatro esposas.
- Após servir Labão por quatorze anos, os dois fizeram um novo acordo. Jacó continuaria a pastorear o rebanho de

Labão e seu salário seriam todos os animais salpicados, malhados e morenos do rebanho.
- Jacó se tornou rico em pouco tempo com um grande rebanho, servos, camelos e jumentos.
- Depois de vinte anos em Harã, e com noventa e nove anos, Jacó retornou para Canaã. Temendo que seu sogro não o liberasse, Jacó foi embora sem anunciar. Labão o encontrou dez dias depois, quando fizeram um pacto para não fazer mal um ao outro.

Após o acordo com Labão. Jacó continuou seu caminho para Canaã, vindo eventualmente para um lugar chamado Peniel. Peniel estava localizado a poucas milhas ao leste do Jordão, próximo de Canaã. Jacó chamou o lugar de Peniel, "face de Deus", por causa do encontro que ele teve lá.

À medida em que Jacó se aproximava de Canaã, Deus veio cobrar o voto que Jacó havia feito vinte anos atrás. Em Peniel, Deus estava essencialmente dizendo, "Pague". Como se Deus estivesse pensando, "Quando você saiu de Canaã, você disse que se Eu fizesse isto, isto, isto, isto, e isto, então eu seria o seu Deus. Bom, Eu fiz todas essas coisas. E agora, Jacó? Você vai cumprir o voto que fez? Sou Eu agora, o seu Deus?"

O relato bíblico do encontro em Peniel começa assim: "Jacó, porém, ficou só; e lutou com ele um homem, até que a alva subia." (Gn 32.24). Deus planejou que Jacó ficasse sozinho para que Ele pudesse encontrá-lo (solidão é, às vezes, um meio para um encontro). Na versão New King James, a palavra "Homem" neste versículo está com letra maiúscula. É porque muitos estudiosos concordam que o Homem lutando com Jacó naquela ocasião deve ter sido o Filho de Deus em forma pré-encarnada. Foi o próprio Jesus.

Saiu o primeiro, ruivo, e todo ele como uma veste de pelo; por isso, chamaram-no de Esaú. Depois saiu seu irmão, com a mão agarrada no calcanhar de Esaú; por isso, chamaram-

-no de Jacó. Era Isaque da idade de sessenta anos quando os gerou. Cresceram os meninos. Esaú foi perito na caça, homem do campo, mas Jacó era homem simples, habitando em tendas. Isaque amava Esaú, porque a caça era de seu gosto, mas Rebeca amava Jacó. Jacó cozera um guisado, e veio Esaú do campo, cansado. Disse Esaú a Jacó: Deixa-me, peço-te, comer desse guisado vermelho, porque estou cansado. Por isso, foi chamado de Edom. Então disse Jacó: Vende-me hoje tua primogenitura. (Gn 32.25-32)

Obviamente, Jesus permitiu que Jacó prevalecesse contra Ele. Jesus poderia ter dado uma chave de braço nele, mas se conteve. Ele veio numa forma em que Jacó poderia vencê-lo, mas isto iria requerer toda reserva de força dentro de Jacó.

À medida em que eles lutavam, Jesus estendeu a Sua mão – a mão que nós frequentemente associamos com tocar o cego e ele vê, tocar o paralítico e ele anda, tocar o surdo e ele ouve, tocar o morto e ele ressuscita – Jesus estendeu *aquela* mão e *feriu* Jacó. Ele encolheu o músculo no encaixe do quadril.

Os músculos suportam todas os encaixes ósseos no nosso corpo, mantendo os ossos no lugar dentro de suas posições. Quando Jesus tocou o músculo do encaixe do quadril, Ele neutralizou a habilidade daquele músculo de manter o quadril na sua posição. Agora, o quadril estava propenso a sair do seu encaixe com um simples movimento.

Enquanto o quadril estava no lugar, Jacó podia andar perfeitamente. Qualquer desconforto que ele pudesse sentir, era mínimo e contornável. O que era incontrolável era quando o quadril saia do encaixe. Quando aquele osso saía, era como se alguém passasse uma faca no seu quadril. A dor era instantânea e insuportável.

Talvez você tenha experimentado algo similar a Jacó. Talvez você já deva ter sofrido uma lesão esportiva, ou outro tipo de acidente, que levou um osso do seu corpo a sair da cavidade.

Tudo o que você podia pensar a respeito era, *Traga o osso de volta para o encaixe!* Em alguns casos, você pode ainda ter uma fraqueza naquela junta e se você se mover de um jeito errado, o osso pode sair da cavidade de novo. Se a sua lesão tiver a propensão para reincidência, você terá que proteger aquela junta muito cuidadosamente devido às terríveis fisgadas internas que acompanham a recorrência. Era o que acontecia com Jacó.

Depois desse ferimento, Jacó não mancou porque doía para andar; ele mancou porque estava constantemente favorecendo aquela junta. Ele não podia deixar que ela saísse da cavidade. A dor era muito intensa. Então cada passo se tornou uma ladainha calculada para manter aquele quadril em sua cavidade. Jacó precisava diminuir seu caminhar e ajustar a maneira em que ele balançava as pernas para a frente. Isso exigia mancar.

Lutando e com Dor

Sabemos que o quadril de Jacó saiu da cavidade *enquanto ele estava lutando com Jesus*. Jacó não estava apenas com uma dor agonizante por causa do osso que saiu da cavidade, ele também estava lutando pela sua vida ao mesmo tempo.

Cada movimento na luta estava pressionando aqueles nervos em carne viva. Os *flashes* de agonia seriam semelhantes a alguém atravessando um prego no seu pé, e depois fazendo você ficar em pé naquele prego. A lesão por si mesma é insuportável o suficiente, mas agora parece que dezenas de facas estão sendo passadas na ferida.

Jesus, o que lhe dá o direito de disatribuir este tipo de dor? O Senhor ao menos sabe como ela é? O Senhor sabe como é ter seus ossos fora das juntas, e depois contorcer aquelas juntas?[10]

---

10 Sim, foi exatamente assim que Jesus sofreu, Davi falou do Seu sofrimento quando escreveu, "Como água me derramei, e todos os meus ossos se desconjuntaram" (Sl 22.14a).

Oseias nos deu uma ideia interessante com relação a essa peleja. Ele acrescentou este comentário sobre Jacó durante a luta: "Como príncipe, lutou com o anjo e prevaleceu; chorou e lhe suplicou; em Betel o achou, e ali falou conosco;" (Os 12.4). Oseias nos falou algo que não está em Gênesis: Jacó estava chorando durante o encontro.

Jacó chorou porque a dor estava muito severa, ou por que ele queria muito Deus? Na angústia da provação, eu duvido que Jacó pudesse discernir isso. "Eu não sei se estou chorando porque estou profundamente ferido ou se estou chorando porque quero muito o Senhor e a Sua benção. Tudo o que eu sei é, Eu estou com *muita* dor e quero o Senhor, *muito*, desesperadamente!"

Mesmo se você não consegue discernir porque está chorando, não endureça e não resista. Queira as lágrimas. Lágrimas são orações em líquido. Assim como o néctar de uma fruta espremida é doce, assim as lágrimas que saem de um coração apertado são doces para Deus. Não ignore aquilo que Ele usa para abrir sua fonte de lágrimas. Frequentemente a dor é o elemento necessário.

"Mas a dor não é de Deus", alguém pode argumentar.

Fale isso para Jacó.

A Dor de Segurar

Jacó se encontrou numa posição onde segurar em Deus se tornou sua opção mais dolorosa. Teria sido mais fácil soltar. Seu corpo estava dizendo pra ele, "Deixe o Homem ir e cuide do seu quadril". Mas outra coisa estava insistindo por dentro, "Eu nunca vou soltar até que Ele me abençoe".

Você pode se encontrar numa situação em que segurar em Deus é mais dolorido do que soltá-lo. E a infeliz verdade é que muitas pessoas soltam.

Algo sai das juntas para eles. Algo sai errado, seja relacional, financeiro ou físico. A sua dor aumentou, e segurar em Deus somente aumentou ainda mais a angústia. Na luta com as trevas e com a perplexidade, eles deixam de Deus.

Que esta alternativa nunca chegue perto da minha alma. Eu pedi ao Senhor para me dar o espírito de Jacó. "Jesus, coloca em mim a determinação e a resolução de Jacó para segurar em Ti, independentemente da angústia. Pela tua graça, eu não te deixarei ir até que o Senhor me abençoe!"

Segurando na Promessa

Agora que Jacó tinha a Promessa em suas mãos, ele não iria deixá-la ir. Eu digo que ele tinha a Promessa em suas mãos porque a Promessa é uma Pessoa.

O Espírito Santo é chamado "a Promessa do Pai" (At 1.4), indicando que a Promessa é uma Pessoa. Quando você tem seus dedos envoltos na Promessa, você segura uma parte de Deus.

Jacó estava segurando na Própria Promessa e a Promessa estava empurrando Jacó, dizendo, "Me deixe ir!" (Gn 32.26).

Quando você tem uma promessa de Deus, aquela promessa vai ter vida própria e tentar se livrar das tuas mãos. Quanto mais você segurar uma promessa, mais ela tentará se livrar de você. Segurar uma promessa a longo termo é um desafio enorme.

Falando a partir de uma experiência pessoal, como eu tenho segurado minha promessa de cura, eu não consigo contar o número de vezes em que a promessa tentou escapar de mim. Mas pela graça de Deus, meu coração está firme. Eu estou determinado a fazer o que for necessário para segurar minha promessa e permanecer em fé.

Que o espírito de Jacó seja o nosso! Nunca iremos largá-lo, Jesus, até que o Senhor responda o clamor dos nossos corações.

Paternidade Espiritual
Capítulo 16

Deus não tirou a habilidade de Jacó de segurar; Ele tirou a sua habilidade de empurrar. Ele não bateu no ombro de Jacó; Ele bateu no seu quadril.

As pernas de um homem representam sua habilidade de empurrar. Quando você quer um trabalho feito, não o entregue para um idoso cuja força esteja debilitada, dê para alguém com pernas fortes. Entregue para alguém que irá se prender a um projeto, firmar suas pernas e depois forçará seu caminho até a conclusão.

Jacó era o tipo de homem que você iria querer por perto quando houvesse um trabalho a ser feito. Ele era um cara "posso-fazer". Quando queria concluir algo, ele firmava suas pernas e empurrava até que o negócio estivesse feito. Quando Jacó colocava seus olhos num alvo, era melhor você sair da frente dele ou ele passaria por cima de você.

Jacó era um empurrador. Ele forçou seu caminho para a primogenitura; ele forçou seu caminho para a benção; ele forçou seu caminho para receber os rebanhos e as manadas do seu sogro.

Quando Deus visitou Jacó para quebrar a sua força, Ele estrategicamente tirou a sua habilidade de empurrar. Por quê? Porque como a Escritura diz, "Ele não se compraz nas pernas do homem" (Sl 147.10). Deus não se deleita em assistir um homem unir sua força e habilidade naturais, e depois se jogar de cabeça na aquisição de seus objetivos. Deus havia assistido Jacó forçar seu caminho na vida e isto não impressionava Deus.

Força Quebrada

A resposta de Deus foi tornar Jacó incapaz de empurrar. Com um quadril destruído, ele se tornou fisicamente incapaz de forçar seu caminho pela vida.

"Desculpe", eu posso imaginar Jacó dizendo a um amigo, "mas se você tiver um projeto que precise de pernas fortes, terá que encontrar outra pessoa. Eu simplesmente não posso fazer."

Cada passo se tornou extremamente vacilante e cauteloso. Ele tinha que prestar atenção na velocidade em que andava e como tentava mudar de direções. Um movimento descuidado e pop! O osso sairia da cavidade, e ele estaria no chão – contorcido. A lesão o forçou a encontrar uma nova forma de andar.

As pernas de um homem não trazem prazer para Deus, mas há uma forma de trabalhar que traz prazer ao Seu coração. Ela é descrita em Zc 4.6, "Nem por força nem por poder, mas pelo Meu Espírito, diz o Senhor dos exércitos". Deus se alegra quando acessamos o poder do Espírito Santo para cumprir Seus propósitos, e isto é o que Ele queria para Jacó. Para que ele encontrasse este caminho, entretanto, Deus tinha que remover os apetrechos que o mantinham preso às suas habilidades naturais. Quando Deus desabilitou sua força natural, isso abriu o caminho para ele se tornar um homem espiritual mais forte.

O que Deus procurava em Jacó? Por um lado, mansidão. Mansidão é a qualidade de caráter que Deus desenvolve no seu espírito quando Ele arranca o seu quadril.

Mansidão é o oposto de empurrar. Um empurrador diz, "Sai da minha frente ou eu passarei por cima de você". Mansidão não lida com as pessoas de maneira brusca porque ela se apoia na força de Cristo para obter seu objetivo. Mansidão é a força administrada com gentileza. Você não é surpreendido pela força da pessoa, mas por sua humildade.

Mansidão pode ser mal interpretada por fraqueza por um observador qualquer, mas está longe de ser fraqueza; ela é forte na graça e no poder de Jesus.

Mansidão tem a ver com seu paradigma de paternidade. Deixe-me explicar.

O Paradigma de Paternidade de Jacó

Antes do Peniel, Jacó foi um pai para seus filhos da maneira que lhe era mais natural. Ele empurrava. Ele estava apenas sendo ele mesmo.

Seus filhos cresceram assistindo um empurrador, autodeterminado, à medida em que ele traçava seu caminho na vida.

Peniel foi o lugar onde Deus impregnou Jacó com mansidão, para que ele pudesse ser um pai para José, efetivamente. Peniel não foi tanto para Jacó como foi para José. Peniel foi o lugar onde Deus mudou Jacó para que ele pudesse ter José.

Peniel – o lugar onde Deus mudou o nome de Jacó e o fez manco – era para mudar seu paradigma de paternidade. Por quê? Porque o registro do caminho de Jacó como um pai-empurrador não era tão bom. Dê uma olhada, por exemplo, nos quatro filhos mais velhos de Jacó.

- Ruben: o dia chegaria quando ele iria dormir com uma das esposas de seu pai.
- Simeão e Levi: eles eram cabeças quentes. A ira deles era cruel. Na sua ira, eles iriam um dia destruir uma comunidade inteira.
- Judá: Ele iria eventualmente se associar com uma prostituta – e se ele fez isso uma vez sem remorso, quem disse que aquela seria a sua única vez?

Ao olhar para onde os filhos de Jacó estavam caminhando, eu imagino Deus pensando, "Jacó, isso não está indo numa boa direção. A maneira com que você está criando seus filhos agora não está produzindo uma geração piedosa. Se eu deixar você, Eu nunca terei o Meu José."

Deus veio e interrompeu a vida de Jacó enquanto José tinha aproximadamente quatro anos de idade (aproximadamente). José ainda estava em seus anos de formação. Deus queria mudar Jacó enquanto o cimento do coraçãozinho de José ainda estava flexível e influenciável.

Os irmãos foram criados por Jacó; José foi criado por Israel.

Quando Deus escolhe uma geração de Josés, Ele começa escolhendo pais e mães. Ele abate os quadris dos Seus Jacós, impregnando-os com misericórdia, para que eles possam ser pais de uma geração nobre de Josés na Terra.

Conectividade Intergeracional

A conexão entre Jacó e José é fascinante, descrita de uma forma ímpar em Gênesis 37.

Jacó habitou na terra das peregrinações de seu pai, na terra de Canaã. Estas são as gerações de Jacó. José, aos dezessete anos, apascentava as ovelhas com seus irmãos; sendo ainda jovem, andava com os filhos de Bila e com os filhos de Zilpa, mulheres de seu pai. E José trazia más notícias deles a seu pai. (Gn 37.1,2)

Olhe novamente para o segundo versículo. "Esta é a história de Jacó. José..." Eu vi isso corretamente? Olhe de novo. "Esta é a história de Jacó José..."

Espere um minuto. De quem é a história que estamos falando aqui? Estamos contando a história de Jacó ou a história de José?

A resposta é: de Jacó. Moisés, (o autor de Gênesis) percebeu que quando ele iniciou a saga de José muitos leitores pensariam que a história de Jacó havia terminado e que ele tinha mudado para a história de José; Moisés não queria que cometêssemos esse erro, então ele nos deu uma dica editorial, "Esta é a história de Jacó". Ele estava nos dizendo, "Mesmo que eu esteja escrevendo sobre José, eu ainda continuo na história de Jacó".

Por quê? Porque a história de José é a história de Jacó. A história de Jacó será incompleta a não ser que José entre no seu destino. Aqui está o ponto de partida: as histórias das gerações sucessivas são intrinsicamente ligadas.

Eu quero que você veja como os destinos de José e Jacó foram ligados.

Inicialmente, Jacó estabeleceu José para algo grande. Mas depois veja como a história terminou. Quando terminou, José estabeleceu Jacó para algo grande. José trouxe seu pai para o Faraó e disse, "Papai, eu gostaria que o senhor conhecesse o Faraó. Faraó, eu gostaria que o senhor conhecesse meu pai." Então Jacó abriu o seu coração e abençoou Faraó (Gn 47.7-10).

E assim, antes de sua morte, Jacó abençoou o homem mais poderoso do planeta. E nós sabemos o princípio de Hebreus 7.7[11], que o menor é abençoado pelo maior.

Jacó se saiu como o maior homem da Terra. E a única razão que ele terminou em tamanha grandeza é por causa de José. José

---

11 "Ora, sem contradição alguma, o menor é abençoado pelo maior." (Hb 7.7)

teve que ascender ao palácio para que ele pudesse posicionar seu pai para algo grande.

Eventualmente, a coisa toda deu uma volta completa, terminando com o final majestoso de Jacó. A história de José era a história de Jacó no final das contas.

No momento em que escrevo este livro, meus filhos estão com vinte e poucos anos. Quando os filhos chegam nos vinte ou mais, pode ser uma tentação para os pais pensarem, "Eu fiz o meu melhor. Eu os treinei no caminho que eles devem ir. Eu os preparei para a vida. Eu investi o meu melhor neles. Agora chegou a hora em que eles têm que encontrar suas próprias asas. Eles precisam fazer seus próprios caminhos na vida. Eu acho que é a hora de deixá-los para que eles possam achar seus próprios caminhos a seguir."

Mas quando você entende a ligação Jacó/José, você adquire uma inveja santa para algo que você não quer perder. Você percebe que como seus filhos correm as suas corridas, afeta diretamente o final da sua corrida. Deixá-los ir? Nunca! Eu estou segurando mais resolutamente do que nunca. Eu estou guerreando para que eles entrem na plenitude da soberana vocação em Cristo.

Marcado por Deus

Quando Deus comprometeu o quadril de Jacó e o reduziu a um manco, o encontro deixou uma marca inesquecível na vida dele. Todos podiam ver a diferença nele para sempre. Mesmo aqueles que tinham muita dificuldade para discernir a mudança interna não tinham como não ver a mudança no caminhar de Jacó.

Todos estavam falando sobre a mudança. Eu posso imaginar os amigos de José perguntando para ele, "José, por que seu pai mancava?"

"Ele andava assim", eu suponho que José respondia, "desde que ele teve um encontro com Deus".

A mudança em Jacó teve um efeito profundo sobre seus filhos. Ela também teve um impacto surpreendente em seu irmão, Esaú. Quando Jacó e Esaú se reencontraram, seu encontro aconteceu em menos de vinte e quatro horas da lesão do quadril de Jacó. Jacó não tinha nem sequer começado a ser curado do encontro com Cristo.

Regozijai-vos no SENHOR, vós, justos, pois aos retos convém o louvor. Louvai ao SENHOR com harpa, cantai a ele com saltério de dez cordas. Cantai-lhe um cântico novo; tocai bem e com júbilo. Porque a palavra do SENHOR é reta, e todas as suas obras são fiéis. (Gn 33.1-4)

À medida em que Jacó se aproximava de Esaú e inclinou-se à terra sete vezes, ele fez isso mancando. Seu ferimento era recente e a dor cortante. Considerando os movimentos contorcidos, Jacó teve que se esforçar para manter o quadril dentro da junta, caindo ao chão e se levantado sete vezes.

Parece que o impacto visual de ter assistido seu irmão mancando, caindo no chão e se levantando repetidamente em tal condição, ajudou a produzir uma mudança no coração de Esaú. Quando eles finalmente se abraçaram, o coração de Esaú estava sensível e receptivo. Jacó foi marcado por Deus, e agora ele estava deixando uma marca para todos ao seu redor.

O Altar em Siquém
Capítulo 17

A reconciliação de Jacó com Esaú aconteceu do lado leste do Jordão. Após a despedida deles, Jacó continuou caminhando para o oeste.

Chegando ao Jordão, Israel ajudou sua família e o rebanho a fazerem a travessia. Uma vez que ele atravessou o Jordão, pisou em Canaã – sua primeira vez em vinte anos. Foi uma volta emocionante para casa.

O primeiro lugar em que ele montou acampamento foi numa cidade chamada Siquém. E a primeira coisa que ele fez em Siquém foi muito notável. Agora que ele estava verdadeiramente de volta à Canaã, ele tinha alguns negócios a tratar. Um altar precisava ser construído e uma transação estabelecida.

E levantou ali um altar e chamou-o de Deus, o Deus de Israel.
(Gn 33.20)

Este altar em Siquém foi um momento divisor de águas para Israel. A importância do altar é vista no significado do seu nome.

Ele chamou o altar de El Elohe Israel, a interpretação destas palavras no hebraico são, "Deus, o Deus de Israel".

Nesse altar, Israel estava declarando, "Deus é agora meu Deus. Ele é agora o Deus de Israel".

Relembre a história por trás desta declaração. Vinte anos atrás, Deus havia se apresentado como o Deus de Abraão e o Deus de Isaque. Porém Ele não afirmou ser o Deus de Jacó. Naquele momento, Jacó fez um voto com Deus, dizendo que se Deus satisfizesse certas condições, então Ele seria o seu Deus. Agora, vinte anos depois, as condições foram cumpridas. Deus havia protegido e abençoado Jacó e o tinha trazido de volta para Canaã.

Siquém é o lugar onde Jacó confirmou o voto. Neste altar, Jacó estava dizendo, "O Senhor é agora, o meu Deus. Eu lhe servirei todos os meus dias. Não importa o que aconteça a partir deste momento, o Senhor sempre será o meu Deus."

Foi em Siquém que Ele se tornou o Deus de Abraão, e o Deus de Isaque, e o Deus de Jacó. A aliança foi selada.

É fácil ser crítico de Jacó, mas eu falarei isso para o crédito dele. Ele nunca voltou atrás do voto que fez em Siquém. Uma vez que ele entrou em aliança e fez do Deus de seus pais o seu próprio Deus, ele nunca voltou atrás nem cedeu nada da aliança. Ele serviu a Deus nos bons e maus momentos até a sua morte.

E uau, como aquela aliança estava prestes a ser provada!

Perdendo José

Capítulo 18

Um dia, quando Jacó estava com 108 anos, os dez irmãos mais velhos foram até o pai com uma túnica na mão que estava ensanguentada e rasgada. Eles tinham vendido seu irmão José como escravo, cortaram suas roupas para parecer com um ataque de um animal selvagem, e depois trouxeram a túnica ao seu pai. Eles perguntaram ao seu pai se ele reconhecia a túnica. Naturalmente ele a reconheceu. Era a túnica colorida que Jacó tinha feito especialmente para o seu filho mais amado, José.

> *Jacó reconheceu-a e disse: É a túnica de meu filho. Uma besta-fera o comeu. Certamente José foi despedaçado. Então Jacó rasgou suas vestes, pôs saco sobre seus lombos e lamentou seu filho por muitos dias. E levantaram-se todos os seus filhos e todas as suas filhas para o consolarem. Ele, porém, recusou ser consolado e disse: Na verdade, com choro hei de descer ao meu filho até a sepultura. Assim o chorou seu pai. (Gn 37.33-35)*

A perda de José lançou Jacó num abismo de sofrimento e dor. A intensidade da dor de Jacó era excessiva. Por que ele se determinaria a lamentar sobre a morte de José até o dia da sua morte? Eu vejo duas razões.

Primeiro, José era seu filho favorito, e ele sentia a falta do menino terrivelmente. Mas eu acho que a segunda razão era a mais forte.

Jacó era um profeta. Nós vemos isso claramente na forma em que ele falou sobre o destino e o futuro de cada um dos seus filhos perto da hora da sua morte (veja Gn 48-49). Ele falou com eles como um profeta, abençoando cada filho de acordo com a visão que havia recebido do Espírito Santo para eles. Embora a Bíblia não diga isso explicitamente, é claro que Jacó sabia que José era especial (veja Gn 37.11). Ele podia não saber, quando José era jovem, tudo o que Deus tinha reservado pra ele, mas sabia que a mão de Deus estava sobre aquele garoto de uma forma ímpar. José foi destinado para grandes coisas, e Jacó sabia isso pelo Espírito.

Quando Jacó perdeu José, ele simplesmente não sabia fazer a matemática. Ele não conseguia reconciliar suas impressões proféticas com o fato de que José estava agora morto. A mistura de perplexidade e dor eram tão esmagadoras para ele que ele disse, "Nem tentem me consolar sobre ele. Eu levarei isso para o meu túmulo. Eu nunca abrirei mão do meu sofrimento." E por vinte e dois anos Jacó se recusou ser consolado.

Recusando ser Consolado

Eu me identifico com Jacó de certa forma sobre a sua recusa em ser confortado. Sua recusa me faz lembrar de um dos meus versículos favoritos em Salmos, "A minha alma recusava ser consolada" (Sl 77.2). Este versículo significa muito para mim porque eu sei o que é isso, quando seguramos uma promessa de Deus, com mil vozes tentando falar para você aceitar um acordo menor do que os padrões elevados da completa promessa de

Deus. É como se as vozes quisessem nivelar para baixo nosso pedido para Deus, para torná-lo um pouco mais fácil para Ele satisfazer as condições.

Eu me recuso a aceitar o segundo melhor para aliviar Deus da pressão de ter que comparecer com um estrondoso milagre. Eu sou mais favorável à abordagem de Elias. Cave um rego, regue o sacrifício com água, e encha o rego com água (1Rs 18.33-35). Torne ainda *mais* difícil para Deus entregar!

Enquanto eu continuo a esperar em Deus para curar minha garganta (que eu falei a respeito no capítulo cinco), aqui estão as razões pelas quais o Salmo 77.2 é relevante para mim.

Ocasionalmente, após ministrar em algum lugar, no meu modo-sussurro, as pessoas me dizem, "Bob, falar desse jeito, nessa condição debilitada realmente funciona. Isso é um benefício. As pessoas têm que parar, afinar os ouvidos, e prestar muita atenção para ouvir o que você tem a dizer. As pessoas te ouvem mais assim do que se você estivesse gritando para elas. O efeito que a sua voz tem, em sua condição fragilizada, é que as pessoas ouvem mais cuidadosamente a você do que a muitos outros pregadores. Esta condição, na verdade, torna você mais eficaz em sua comunicação."

Bom, eu sou grato que Deus possa usar minha voz baixa, mesmo em seu estado enfraquecido. Eu sou grato que Deus possa de alguma forma usar minha dor e fraqueza para fazer uma marca mais forte nos corações das pessoas. Eu sou grato que Deus esteja usando minha voz até agora, durante esta estação, enquanto eu espero por Sua cura. Porém, minha alma recusa ser consolada por isso! Eu não serei consolado por nada menos que a Sua plenitude prometida de cura e libertação.

Outros têm me perguntado, "Bob, se você não tivesse sofrido esta lesão em sua voz, você teria escrito todos os livros que você escreveu?" Minha resposta é um não imediato. De forma alguma.

Por que não? Porque antes da lesão vocal, eu estava muito ocupado para escrever livros. E eu não tinha nada para dizer.

"Bom, então veja", eles dizem, "Olha como Deus tem usado esta lesão. Sua voz está indo mais longe no mundo agora, através dos seus escritos, do que quando você tinha uma voz. Então, foi na verdade uma benção que Deus abaixou a sua voz."

É assim que eu me sinto em relação a isso. Eu sou grato que Deus tem conseguido usar a maior provação da minha vida para obter glória ao Seu nome. Eu sou muito grato por cada livro que é lido e por cada gota de encorajamento que chega ao corpo de Cristo através dos meus escritos. Mas minha alma se recusa a ser consolada por isso. Eu recuso ser consolado com nada menos que a plenitude da promessa de Deus para mim. Eu nunca serei consolado até que Ele abra os portões e me libere.

Jacó esteve numa condição semelhante em sua alma. Ele foi imerso numa dor e nenhuma quantidade de conversa o faria satisfeito com o fato que José e seu divino destino tinha sido arrancado dele. Ele recusou fazer as pazes com a perda. Por vinte e dois anos, ele lamentou por José.

Jacó aos 130 Anos

Jacó perdeu José aos 108 anos. Depois entramos num período de vinte e dois anos de silêncio na história de Jacó. Não ouvimos nada de Jacó durante estes anos porque Moisés (o autor de Gênesis) estava totalmente ocupado com a história de José. Moisés escreve sobre José no poço, vendido aos ismaelitas, carregado ao Egito, vendido no mercado de escravos, na casa de Potifar, enviado à prisão. E depois, promovido ao palácio. Depois Moisés nos levou a sete anos de colheita seguidos dos anos de fome. Quando, eventualmente, encontramos Jacó novamente, vinte e dois anos havia passado.

Jacó está agora com 130 anos. Conte-os. 1-3-0. Você concorda que ele é agora um senhor maduro na fé? Ele tem perseverado em fidelidade desde que selou a aliança com Deus, uns trinta e cinco anos antes em Siquém. Difícil se tornar muito mais maduro do que isso.

E como nós encontramos este grande senhor da fé aos 130 anos?

O encontramos vivendo em abundância, prosperidade, alegria e contentamento? O encontramos emocionalmente pleno e autorrealizado? Totalmente o contrário. Jacó foi engolido por escuridão e angústia. Ele não tinha a menor ideia do que Deus estava fazendo em sua vida e nem onde Deus o estava levando.

Se você estiver numa estação de escuridão, e não tiver a menor ideia do que Deus está dizendo agora nem para onde Ele está te levando, pode não ser necessariamente uma indicação de imaturidade espiritual. Algumas vezes Deus apaga as luzes para intensificar o drama da história.

Aqui está o pano de fundo para a escuridão de Jacó. Uma prolongada e arrasadora seca havia se estabelecido na região. Ela atingiu Jacó e sua família com veemência, devastando toda a plantação. Quando ele ouviu que a comida podia ser comprada no Egito, Jacó enviou seus dez filhos mais velhos às compras. Quando eles chegaram lá, não perceberam que o homem que estava vendendo o grão do Egito era o irmão deles, José. Ele os reconheceu, mas eles não o reconheceram. Ele fingiu ter suspeitado que eles fossem espias. Encarcerando Simeão na prisão – a prisão que ele mesmo um dia habitou – ele enviou os outros irmãos para casa com alimento. Ele lhes deu rigorosas instruções para que não se atrevessem retornar para buscar mais alimento sem trazer o irmão mais novo, Benjamim, a reboque.

Então quando nos encontramos com Jacó aos 130 anos, os irmãos tinham retornado para Canaã, Simeão foi deixado para trás numa prisão egípcia, a comida que eles trouxeram do Egito estava em grande parte consumida. E os irmãos estavam colocando pressão no pai deles para permitir que eles retornassem ao Egito para comprar mais comida. Mas para fazer isso, eles teriam que levar Benjamim com eles.

Jacó era um pai experiente, mas ele não conseguia ver além do próprio nariz, e sua alma estava oprimida com angústia e dor.

"Eu perdi meu José. Eu perdi meu Simeão para o homem no Egito. E agora o homem no Egito quer o meu Benjamim. Eu *nunca* lhe darei o meu Benjamim! Só por cima do meu cadáver que ele terá meu Benjamim."

Seus filhos tentaram lhe falar com algum bom senso. "Papai, pode ser só por cima do teu cadáver, porque essa fome está esvaziando nosso estoque de comida. Se o senhor não ceder, tanto o senhor como a sua família inteira irão morrer de fome."

"Eu não posso perder Benjamim. Eu não irei perder Benjamim!"

Mas eles continuaram a pressioná-lo porque precisavam de mais comida. "Papai, o senhor quer que todos os teus netos morram de fome, para que o senhor possa preservar a vida de Benjamim? É isso que significamos para o senhor?"

Jacó não tinha estômago para a perda de Benjamim, mas também não podia permitir a fome da sua família. Dividido entre os dois, seu nível de angústia se tornou insuportável. A Bíblia nos dá um vislumbre da pressão que Jacó estava sentindo:

> *Então Jacó, seu pai, disse-lhes: Tendes-me desfilhado. José já não existe. Simeão não está mais aqui. Agora levareis Benjamim! Todas estas coisas vieram sobre mim. (Gn 42.36)*

Eu especialmente gosto da forma que a NVI interpreta a última frase desse versículo: "Tudo está contra mim!" Esta frase capta o estado emocional de Jacó naquele momento.

"Eu perdi meu José. E agora eu perdi meu Simeão para o homem no Egito. O que eu fiz para o homem do Egito? Por que ele declarou guerra contra mim? Mas isto não é tudo, o céu está contra mim, também." (A causa da fome no fim das contas está com aquele que controla o tempo – Deus). "Essa fome consternada está arrancando a vida da minha família. O Egito está contra mim; Deus está contra mim; tudo está contra mim!"

Com este grito gutural, Jacó caiu numa pilha de um desespero deplorável. Sua única opção era abrir mão e entregar tudo para Deus.

"Vá em frente, Deus, tome meu José. Tome meu Simeão. Tome meu Benjamim, o Senhor pode tê-lo. Na verdade, tome minha família. Tome meus filhos, tome meus netos, tome minhas possessões, tome tudo de mim. O Senhor pode pegar tudo. Porque o Senhor é o meu Deus. Eu vou te amar e te servir até o dia em que eu morrer. Eu fiz uma aliança com o Senhor trinta e cinco anos atrás em Siquém e continuo diante daquele altar. Tú és o meu Deus, até a morte."

É impressionante notar que no meio da maior escuridão e angústia sufocante, Jacó nunca virou as costas para Deus. Ele manteve o voto.

Repentina Mudança de Sorte

Aqui está o relato bíblico de quando Jacó finalmente liberou seus filhos para tomarem Benjamim e retornarem ao Egito para buscar alimento.

> *Então disse-lhes Israel, seu pai: Pois que assim é, fazei isso. Tomai do mais precioso desta terra em vossos sacos e levai ao homem um presente: um pouco de bálsamo, um pouco de mel, especiarias, mirra, terebinto e amêndoas. Tomai nas vossas mãos dinheiro dobrado; e o dinheiro devolvido na boca dos*

vossos sacos tornai a levar em vossas mãos; bem pode ser que fosse erro. Tomai também vosso irmão, levantai-vos e voltai àquele homem. Deus Todo-Poderoso vos dê misericórdia diante do homem para que deixe vir convosco vosso outro irmão e Benjamim; e eu, se for desfilhado, desfilhado ficarei. (Gn 43.11-14)

Jacó não tinha a menor ideia do que iria acontecer. Ele não tinha ideia de que em cerca de três ou quatro semanas, tudo iria mudar abruptamente. Ele não conseguiu ver o que estava por vir.

Menos de um mês depois, Jacó ergueu seus olhos e viu uma caravana egípcia vindo ao seu encontro. "O que uma caravana egípcia está fazendo, passando pela minha casa? Camelos egípcios... Carros egípcios... por que os egípcios estão passando pela minha casa?"

"Espere. Eles não estão passando pela minha casa, eles estão vindo para a minha casa! O que uma caravana egípcia está fazendo vindo para a minha casa?"

À medida em que Jacó espreitava à distância para tentar descobrir quem eram aqueles egípcios, ele parou. "Aquela pessoa parece familiar. Eu o conheço?"

Era o Simeão. "Papai, sou eu! Simeão! Estou de voltaaa!"

Depois Jacó olhou para outra pessoa. "Ele parece familiar, também."

Era o Benjamim, "Papai, sou eu! Benjamim! Estou de voltaaa!"

Todos podiam ver o profundo alívio no rosto de Jacó. Seus dois filhos haviam retornado para ele.

À medida em que todos os irmãos chegaram perto do seu pai, Judá se antecipou. "Papai, sente-se. Nós precisamos conversar." Jacó estava prestes a saber que seus dez filhos tinham vivido uma mentira com ele por vinte e dois anos.

"Papai", Judá estava gaguejando, "Eu não sei qual outra forma de fazer isto, a não ser simplesmente chegar aqui e dizer. *José está vivo.*"

O queixo de Jacó caiu e seus olhos ficaram arregalados. Tremendo, ele começou a olhar ao redor do círculo de filhos, buscando em seus rostos, tentando ler a intenção deles. "Por que vocês estão fazendo isso comigo? Não brinquem com isso."

"Papai, nós não estamos brincando com o senhor. Nós estamos falando a verdade. *José está vivo.*"

Eu estou colocando um pouco da minha imaginação na história. Aqui está o relato bíblico da conversa.

> *Então lhe anunciaram: José ainda vive. Ele também é regente em toda a terra do Egito. E o coração de Jacó desmaiou, porque não acreditava neles. (Gn 45.26)*

Jacó não podia acreditar que eles estavam falando a verdade. Era bom demais para ser verdade.

Quando você tem lamentado a morte de seu filho por *vinte e dois anos*, e depois alguém chega para você e diz, "Seu filho está vivo", é muita coisa para processar. Após tamanha dor, este tipo de notícia choca o seu sistema.

O coração de Jacó ficou firme. Ele estava completamente atordoado. Ele saiu de uma escuridão total para as luzes de um estádio em chamas, num *flash*. A claridade da revelação o cegou. O apavorou. Paralisou seu coração.

Esta é a característica das obras de Deus. Ele ama surpreender seus filhos com a grandeza da Sua salvação.

Eu posso imaginar Deus, esfregando Suas mãos enquanto estava planejando isso. "Oh, Jacó, isso vai ser bom. Eu vou amar cada momento. Aperte o cinto, Meu amigo, estou prestes a te elevar com minha bondade."

Se você for o tipo de pessoa que gosta de ser avisado antes, pode não ser tão bom pra você. Porque Deus ama surpresas.

Você foi pego de surpresa pela adversidade, mas agora será pego de surpresa pela glória da Sua poderosa libertação.

Eu posso imaginar Deus pegando Sua arma, olhando para ela, e pensando alto, "Não vamos matá-lo. Basta colocá-lo em atordoamento". Quando Deus feriu Jacó com a Sua bala, ela bateu no peito dele, o jogou na cadeira, e o atingiu tão forte que paralisou seu coração.

Deus guardou tudo para acertá-lo de uma vez.

Uma salvação de paralisar o coração.

Aqui está, tudo de uma vez: Ele tinha o seu José de volta; ele tinha o seu Simeão de volta; ele tinha o seu Benjamim de volta; ele ganhou um passeio de limosine para o Egito (um carro Egípcio); sua família foi estabelecida em abundante provisão em Gósen; ele iria abençoar Faraó; e iria ganhar o funeral do milênio. A concretização de tudo veio sobre ele de uma só vez.

Deus é muito dramático! Como já dissemos, Ele é o Rei do drama, Ele ama criar um suspense para que a resolução seja tudo de mais espetacular. Parecia que Deus estava em silêncio com Jacó por muitos anos, mas não era porque Ele estava se escondendo dele; Ele estava intensificando o drama para que o fim fosse o mais sensacional possível.

Quando Jacó falou com Faraó, ele descreveu seus anos como "maus" (Gn 47.9). E foi verdade. Até os seus 130, a vida de Jacó foi caracterizada em grande parte por provações e aflição. Mas nos últimos dezessete anos da sua vida (ele morreu com 147), ele desfrutou de incomparável benção e prosperidade. É por isso que o Salmo 73.1 diz, "Verdadeiramente bom é Deus para com Israel". Enquanto a jornada estava se desenrolando, a vida era "má" e difícil, mas o último capítulo da história revelou que Deus era bom com Seu filho favorito, Israel.

A ocorrência das más circunstâncias em nossas vidas não nega a bondade de Deus. Sua bondade algumas vezes permite o mal em nossas vidas para que a Sua salvação por fim possa aparecer ainda mais gloriosa. Tudo é para a fama do Seu nome.

A Carona para o Egito

Eu me pergunto que tipo de conversa Jacó teve com seu Deus enquanto ele estava no passeio de limosine para o Egito. Eu acho que deve ter soado mais ou menos assim.

"Deus, tudo parecia estar contra mim. O Egito estava contra mim. O clima estava contra mim. Eu pensei que até o Senhor estivesse contra mim. Mas agora eu vejo! Quando o Senhor tirou José de mim – o Senhor era *por* mim. Quando o Senhor tirou Simeão de mim – o Senhor era *por* mim. Quando o Senhor tirou Benjamim de mim – o Senhor era *por* mim. Quando o Senhor enviou a fome – o Senhor era *por* mim. O Senhor tem sido por mim o tempo todo!"

"Senhor, eu e o Senhor fizemos uma aliança trinta e cinco anos atrás em Siquém. Eu fiz um voto de que o Senhor seria o meu Deus. E com toda a escuridão e dificuldade, eu tenho mantido aquele voto. Eu tenho servido ao Senhor e nunca abri mão da aliança, mesmo durante tempos em que parecia que o Senhor tinha se esquecido da nossa aliança. Eu pensei que eu era quem estivesse segurando a aliança. Mas agora eu vejo! Eu não sou aquele que tem mantido a aliança. *O Senhor é* quem tem segurado a aliança! O Senhor tem sido fiel comigo em todo o tempo. O Senhor é bom. O Senhor é santo. O Senhor é misericordioso. O Senhor é gracioso. O Senhor é amável. Eu te adoro, Senhor, com todo o meu coração. Tú és o meu Deus!"

Salmo 146.5 diz, "Bem-aventurado aquele que tem o Deus de Jacó por seu auxílio, e cuja esperança está posta no Senhor seu Deus".

Bem-aventurado é o homem que tem o Deus de Jacó como seu auxílio – o Deus que vai arrancar o seu quadril fora para infundir misericórdia em seu espírito, para que você possa criar uma geração de Josés. Bem-aventurada é a mulher que tem o Deus de Jacó por seu auxílio – o Deus que vai tirar de você o que enche os teus olhos. Bem-aventurada é a mulher que tem o Deus de Jacó por seu auxílio – o Deus que te conduzirá pelos anos de escuridão e perplexidade. Bem-aventurado é o homem que tem o Deus de Jacó por seu auxílio – o Deus que pegará a Sua arma e atingirá você tão forte com a Sua bala que ela vai cegá-lo, vai aterrorizá-lo, e paralisará o seu coração.

Uma salvação de paralisar o coração.

O Bordão de Jacó

Hebreus 11 detalha a maneira com que muitos de nossos pais e mães espirituais demonstraram a sua fé em Deus. Quando o escritor chegou em Jacó para mostrar como ele expressou a sua fé, foi isso que disse sobre ele:

Pela fé, Jacó, próximo da morte, abençoou cada um dos filhos de José e adorou encostado à ponta do seu bordão. (Hb 11.21)

Eu ouvi dizer que os pastores nos tempos antigos gravavam um pequeno símbolo em seu bordão cada vez que eles tinham um evento de grande importância na vida. Com o passar dos anos, o bordão acumulava uma série de talhas que representavam os destaques mais significantes da jornada deles na Terra.

Se esta era de fato a prática deles, eu posso imaginar um pastor como Jacó sentado com seus netos, pegando o seu bordão, e fazendo um panorama da linha do tempo da sua vida. "Papai, o que esta marca quer dizer?"

"Oh, essa foi quando eu fingi ser o meu irmão. Essa é realmente uma boa história."

"Bom, Papai, e essa marca. O que ela representa?"

"Essa foi quando eu me casei com duas irmãs." "E essa, Papai? O que ela representa?"

"Sente-se aqui, Efraim, e deixe-me te contar. É uma história muito interessante."

O bordão de Jacó representava a crônica de toda a sua jornada. Então quando ele se inclinou sobre aquele bordão e adorou, ele estava adorando o Deus que tinha escrito a história da sua vida de uma maneira tão completa e maravilhosa.

O Senhor é bom. O Senhor é generoso. O Senhor é compassivo. O Senhor mostra a Sua salvação para aqueles que O amam. Eu passei por um vale longo e escuro, mas o Senhor me tirou de lá e me coroou com a Sua poderosa libertação. Agora toda a minha história é um vivo testemunho – uma carta viva – que testifica da Sua fidelidade e graça. Eu amo o Senhor. Eu me alegro no Senhor. Que honra estar aqui em pé, no fim dos meus dias, e adorar o Senhor com todo o meu ser. Tu és o meu Deus!"

Esta fantástica história aguça a minha vontade de servir o Deus de Jacó. Ele vai concluir a minha história, também.

Minha História do Beisebol
Capítulo 19

Eu realmente gostei de compartilhar a história de Jacó com você. Ela mostra tão graficamente como Jesus, o autor *best-seller* da história usa suspense, mistério, aventura e romance para escrever histórias incríveis com as nossas vidas.

Neste último capítulo, eu gostaria de compartilhar uma história da minha própria vida. É uma das vinhetas do meu enredo que eu estimo por causa da promessa que ela carrega.

Para contar esta história, eu tenho que voltar ao verão de 1994. Algumas vezes eu o chamei de verão do inferno. Foi em 1992 que eu sofri a lesão vocal a qual mencionei no capítulo cinco. Dois anos depois, eu estava ainda lutando para continuar ministrando como pastor de uma igreja local. Eu já não era mais capaz fisicamente, entretanto, de produzir o número de palavras requeridas numa semana para manter o leme de uma igreja avivada. Meus níveis de dor estavam aumentando, meus níveis de força estavam diminuindo, e eu podia ler o escrito na parede: ACABOU.

Para muitos pastores, quando eles concluem o ministério numa igreja, eles mudam para outra. Mas comigo não era assim. O que eu estava enfrentando era uma remoção permanente do ministério pastoral. A probabilidade que estava diante de mim era uma perda irreparável.

Afinal de contas, era Deus quem havia me chamado para o ministério. Foi para isso que treinei. Era tudo pelo que havia vivido. Agora estava sendo arrancado de mim, e eu não tinha a menor ideia do que poderia substitui-lo. O que um ex-pastor sem voz faz da sua vida?

Dizer que eu estava em crise parece minimizar a situação. Eu estava numa crise profissional, física, relacional, emocional e teológica; minha voz foi reduzida a um sussurro. De modo relacional, eu não podia manter minhas amizades e a equipe que eu estava liderando; emocionalmente, eu estava sob uma placa de depressão; teologicamente, eu não entendia como era possível ser dedicado a obedecer a Cristo e levar este tipo de pancada. Quando eu olhava para o futuro, tudo o que eu podia ver era uma dor interminável.

Crendo que Deus não revogou Seu chamado ministerial da minha vida (Rm 11.29), eu fiz meu melhor para permanecer no meu posto. Pastorear uma igreja local é uma função que envolve várias pessoas, entretanto, eu estava fisicamente incapaz de satisfazer a interação social que a posição precisava. A equipe e os líderes da nossa igreja eram incrivelmente solidários com a minha situação, mas o fato que a igreja precisava de liderança permanecia.

Eu estava ministrando o máximo de palavras que eu conseguia preparar em um dia, o que significava que eu estava terminando cada dia com intensos níveis de dor. O sofrimento vocal, combinado com a angústia emocional e teológica, fez do pastorado, um prospecto muito dolorido. Eu até implorei ao Senhor: "Me deixe renunciar!" Mas Ele não me liberou.

Eu também estava numa dor emocional sobre a minha incapacidade de interagir vocalmente com a minha família. Frequentemente eu voltava para casa do trabalho completamente sem voz e nenhuma palavra sobrava para minha família – eu tinha usado tudo no escritório. Antes da lesão, era meu costume conduzir meus filhos entusiasticamente, cada manhã, numa memorização Bíblica e cada noite em devocionais de família. Quando minha voz sofreu a lesão, tudo aquilo teve que parar repentinamente. A incapacidade de ensinar e de interagir com meus filhos, por si só, era quase insuportável.

Imersão da Palavra

Como já dito, a lesão aconteceu em 1992. Por um ano, eu busquei tratamento médico. Ninguém que eu consultava parecia saber o que houve de errado durante a cirurgia da garganta. Eles não sabiam explicar o porquê que eu tinha dor e porque minha força vocal estava em declínio. Eu me perguntava se eles estavam com tanto medo de um possível processo, para me dizer a verdade. Toda a provação foi envolta num mistério. Eu não sabia o que causou a úlcera inicial perto das minhas cordas vocais. Eu não sabia o que havia dado errado na cirurgia; e eu não conseguia aprender com ninguém como me recuperar.

A quantidade de mistério que envolvia todo o caso se tornou tão sobrenatural que depois de um ano de tratamentos médicos, eu disse para a minha esposa, "Eu acho que isto é uma prisão de José. Deus fez José entrar na prisão, e Deus fez José sair. Se você estiver bem com isso, querida, eu gostaria que Deus fosse meu único médico consultor sobre esta enfermidade."

Ela concordou com esta decisão, então em 1993 eu iniciei uma busca a Deus para valer. O único livro que eu lia era a Bíblia. Todas as outras leituras foram deixadas de lado, e eu comecei a mergulhar nas Escrituras com um desespero tal que nunca havia tido.

Naqueles dias, a única coisa que tirava a depressão era uma palavra *rhema* de Deus.[12] Por *rhema* eu me refiro a uma palavra viva extraída da boca de Deus que fala com a situação em questão. É por isso que me dediquei para a imersão na palavra. Descobri que quanto mais tempo você gasta com a palavra *logos* de Deus, melhores são suas chances de receber uma *rhema*. Como Jesus disse, "Nem só de pão viverá o homem, mas de toda a palavra [rhema] que sai da boca de Deus" (Mt 4.4). É enquanto você está meditando no *logos* que Jesus algumas vezes fala uma *rhema* ao seu coração. Quando você recebe uma *rhema*, aí você pode verdadeiramente viver.

Todo dia era uma busca fervorosa de uma palavra *rhema* de Deus. Eu não recebia uma por dia, de modo nenhum, mas sempre que uma *rhema* vinha, ela penetrava a escuridão da opressão de sobre a minha mente, e eu era capaz de respirar por mais um dia.

A Palavra de Deus produz fé em nosso coração e esperança no nosso espírito. Cada página é encorajadora e doadora de vida. A Bíblia é um livro fantástico – eu a amo!

O Verão de 1994

Quando a primavera de 1994 chegou, eu fiquei cada vez mais desesperado com minha situação vocal. Eram quase dois anos desde a lesão inicial e a minha condição havia piorado progressivamente. Eu ainda estava pastoreando a nossa igreja, mas estava fazendo a matemática e sabia que a não ser que algo acontecesse, eu eventualmente teria que renunciar o pastorado.

---

[12] Há duas palavras gregas no texto original do Novo Testamento que são traduzidas no inglês, como "palavra". São elas as palavras gregas *logos* e *rhema*. Logos é frequentemente referida como a palavra de Deus escrita, enquanto *rhema* é frequentemente uma referência à palavra de Deus falada.

Como eu disse anteriormente, o Senhor não me permitiu renunciar. Ao mesmo tempo, eu senti que não podia continuar. O que você faz quando você não pode parar e não pode continuar?

Em resposta, os anciãos da igreja graciosamente ofereceram-me seis meses sabáticos. Embora a igreja cobrisse meu salário, eu seria liberado de todas as responsabilidades por seis meses para que eu pudesse buscar o Senhor. Durante o verão de 1994, entretanto, eu estava num tempo sabático pago.

"Uau!" você pode estar pensando, "Isso é impressionante, não é? Seis meses de salário completo, com nada para fazer, exceto desfrutar o verão.

Na verdade, isso foi horrível. Eu estava me debatendo como um homem que está sendo afogado, buscando por ar, e me perguntando por quanto mais tempo eu conseguiria sobreviver. Eu tive seis meses para segurar-me em Deus e tentar descobrir o que estava acontecendo com a minha vida. Eu me senti como um homem no corredor da morte.

A opressão sobre a minha alma durante aquele verão era tão espessa que parecia que eu conseguiria cortá-la com uma faca. Se eu recebesse uma revelação da palavra de Deus, parecia um golpe de ar para um homem em afogamento. Me mantinha vivo por mais alguns momentos, mas a morte parecia iminente.

A pior parte da minha semana era ir para a igreja. Eu sentia que era o certo diante de Deus, levar minha família para a igreja todo fim de semana durante o período sabático, mesmo não tendo responsabilidades nos cultos. Me arrastar para a igreja era intensamente difícil por causa da vergonha e do opróbrio que eu sentia. Nossa igreja tinha três cultos no fim de semana, então eu ia no culto do sábado à noite para ficar livre logo.

Um Sábado Tenebroso

Eu lembro de um fim de semana sendo especialmente tenebroso. Era um sábado, o que queria dizer 'ir para a igreja', e eu estava apavorado. Uma espessa nuvem de opressão estava sobre a minha mente e eu estava fazendo o meu melhor para derrubá-la. Gastei várias horas daquele dia em oração e na palavra, mas não conseguia escapar do iminente pavor do culto do sábado à noite.

O que me confortava era o pensamento, "Ok, eu vou para a igreja hoje à noite; mas depois eu vou me levantar amanhã, sentar na minha cadeira de leitura e meditar na palavra. Talvez Deus fale algo ao meu coração amanhã. Se Ele falar, eu sei que as nuvens vão se abrir, um raio de sol penetrará a minha alma, e eu conseguirei viver por mais um dia."

Então fomos para o culto do sábado. Ao chegar em casa, eu fui direto para a cama. Depois me levantei no domingo de manhã, sentei na minha cadeira com a minha Bíblia, e comecei a implorar a Deus por uma *rhema*.

"Por favor! Por favor! Por favor!"

Nada.

Tentei orar.

Tempestade de areia.

Isso durou por duas ou três horas.

Finalmente, eu literalmente joguei minha Bíblia no chão e declarei em minha alma, "Chega! Já deu! Basta! Eu, eu, eu. Meu, meu, meu. Olhar no umbigo, introspectivo, egocêntrico, posição fetal, autocomiseração, meu mundo míope da dor. Que nojo, eu odeio isso! Toda essa preocupação comigo mesmo é de dar náuseas. Já que eu vou sofrer tanto assim, meus filhos vão se divertir hoje. Eu vou levá-los ao jogo de beisebol!"

Bom, eu cresci num bom lar cristão, e em nossa tradição cristã não íamos em jogos de beisebol aos domingos. Domingo era o

Dia do Senhor (Ap 1.10); era um dia para adoração e descanso e não para atividades esportivas. De fato, em nossa tradição, os cristãos raramente iam a jogos de beisebol, ponto. Então eu nunca tinha ido em um desses jogos. E certamente nunca tinha ido a um evento esportivo num domingo. Mas eu estava com muita dor para me preocupar com as regras.

Eu joguei meus três filhos – o Joel, a Katie e o Michael – em nossa minivan, peguei uns dois meninos do bairro, e fomos para o Silver Stadium em Rochester, Nova Iorque. Minha esposa não quis ir, então fui eu e as cinco crianças.

Rochester tem um time *triple-A* chamado Red Wings. E por acaso, eles iriam jogar em casa naquela tarde. Como eu disse, era a minha primeira vez em um de seus jogos, mas eu estava tentando ser divertido com os meninos. Eu estava fingindo que sabia o que fazer lá, mas por dentro estava me sentindo como um visitante pela primeira vez na igreja. 'Onde você estaciona?' 'Como que entra lá?' 'Quanto custa?' 'Onde estão nossos assentos?' 'Onde estão os banheiros?'

Finalmente descobrimos como chegar às arquibancadas. A Katie sentou-se ao meu lado. Depois dela estavam os quatro garotos na fileira. Eu estava com um astral genioso: "Todos vão ganhar pipoca. Todos vão ganhar um Coca. Todos vão ganhar um cachorro-quente." Meus filhos estavam sentados ali, e empanzinados, com seus bonés e luvas na mão. Estava uns vinte e quatro graus, nenhuma nuvem no céu, meados de agosto, domingo à tarde no interior de Nova Iorque.

Beisebol na América. Fotografia perfeita.

Era uma linda tarde, mas a nuvem de opressão sobre a minha mente não tinha diminuído nem um centímetro. Eu estava contente porque meus filhos estavam se divertindo, mas eu estava totalmente deplorável.

Qual Voz Acreditar?

Comecei a falar sozinho. "Eu me pergunto se Deus sabe onde estou". Não quis dizer, "Eu me pergunto se Deus sabe que estou no jogo de beisebol num domingo à tarde". O que eu quis dizer era, "Eu me pergunto se Deus sabe como estou me sentindo agora. Estou gastando todo o meu tempo na palavra e na oração – quero dizer, eles estão me *pagando* para orar agora. E mesmo que eu esteja buscando a Deus o máximo que sei, eu não consigo afastar a opressão da minha mente. Não tenho ideia do que mais devo fazer. Estou perdendo a cabeça? Esse negócio chamado cristianismo não está funcionando para mim agora. Deus, o Senhor ao menos entende onde estou agora?"

Depois meu monólogo tomou outro rumo. "O que eu fiz? Por que o Senhor está tão bravo comigo? Eu devo ter feito algo terrivelmente errado para deixar o Senhor bravo assim. O Senhor está tirando tudo de mim. Se o Senhor apenas me falasse o que eu fiz, gratamente me arrependeria, e colocaríamos tudo isso para trás de nós. Fale comigo. O que eu fiz?"

Quando você está num lugar de fraqueza emocional como esse, você está com um demônio estacionado no seu ombro, porque eu tinha esta voz de megafone berrando no meu ouvido, "Rejeitado! Abandonado! Esquecido! Acabou! Você está debaixo da ira de Deus. Toda guerra tem vítimas. Você é apenas uma vítima na guerra. Você já é passado. Cai na real. Acabou!" Todos os sinais naturais do meu corpo confirmavam que aquela era a voz da verdade.

Mas, ouvi outra voz no outro ouvido? Não, com certeza não. Essa voz estridente, essa é a voz da razão. Mas, ouvi outra voz como de sussurro? Poderia ser a voz mansa e delicada do Espírito de Deus? *"Eu estou contigo. Eu te escolhi. Eu sou por você. Eu estou mais perto do que nunca. Esta situação está indo embora. Eu estou escrevendo uma história com a sua vida. Não acabou."*

Eu, desesperadamente, queria acreditar que estava ouvindo a voz delicada de Deus – que Ele gosta de mim, Ele é por mim, que Ele tem um propósito divino para a minha vida, que Suas afeições estão sobre mim. Oh, como eu queria que tudo aquilo fosse verdade! Mas a voz alta era tão esmagadora, e ela parecia ser ratificada por todos os sinais no nível natural. Como eu poderia saber se realmente estava ouvindo a voz mansa e delicada do Senhor no meio de toda a cacofonia?

Enquanto eu estava sentado nas arquibancadas do estádio, lutando entre as duas vozes, uma ideia louca passou pela minha mente, "Pede um sinal para Deus. Não! Eu não vou pedir para Deus se eu posso pegar uma bola de beisebol como um sinal de que estou de fato, ouvindo a voz Dele. Eu não vou pedir a Deus um sinal se Ele me ama, se Ele é por mim." Meus pais tinham me treinado bem. Eles tinham me ensinado que você não deve tentar o Senhor Deus, pedindo-Lhe sinais desta maneira.

"Eu não vou pedir a Deus para me deixar pegar uma bola de beisebol como um sinal que Ele é por mim. Pare com esse pensamento louco!"

Eu tentei arrancar aquela ideia estúpida da minha mente, mas não consegui.

Depois o pensamento meio que se transformou nisto: "Eu me pergunto se Ele me deixaria pegar uma bola de beisebol. Eu não estou pedindo por uma. Mas será que Ele me deixaria pegar uma bola, como sinal de que Ele me ama e está escrevendo uma história com a minha vida?"

Novamente, eu tentei paralisar essa linha de pensamento perigoso. "Pare com isso, Bob! Esse é um mal pensamento. Se você acha que está depressivo agora, espere um pouco, você está a ponto de ficar realmente depressivo."

Mas eu não conseguia tirar aquele pensamento louco da minha cabeça.

Meu lado analítico se despertou e eu comecei a calcular minhas chances. Quero dizer, eu nunca tinha ido a um desses jogos antes, então, quais seriam as minhas chances de pegar uma bola de beisebol?

Fazendo a Matemática, πr^2

Instintivamente, minha mente começou a calcular as probabilidades. Eu estava olhando para o raio do campo. Eu estava estimando quantos fãs estavam nas arquibancadas. Eu estava contando quantas bolas estavam sendo pegas pelos fãs. "Eles não estão pegando bolas."

Além disso, estávamos numa seção de arquibancadas que era protegida por um mezanino – havia outro nível de arquibancadas sobre nossas cabeças – então uma bola não conseguiria atingir a nossa seção de assentos mesmo se ela quisesse. *"Pare com isso!"* Eu fiz a matemática. Sem chances.

Fiz o meu melhor para arrancar aquela ideia maluca da minha mente.

Uma Bola no Ar

Agora já estávamos há três quartos do tempo do jogo. Um dos Rochester Red Wings estava pronto para bater. Ele bateu numa bola pega no ar que estava indo em falta. Quando ela se aproximou das arquibancadas, com um só movimento, centenas de fãs, simultaneamente, se levantaram. Luvas apareceram de todos lados. Eu nunca tinha visto tantas luvas de beisebol num mesmo local ao mesmo tempo. Mãos aos céus. E eu em pé com o resto dos tolos.

Quando a bola se aproximou da nossa seção era claro para mim que ela não estava vindo na nossa direção. Ela foi para a minha esquerda. Ela passou por baixo do mezanino, mas depois bateu em uma das vigas cruzadas que davam apoio para o piso sobre as nossas cabeças, fez um ângulo *bizarro*, voando direto para mim. Chegou a mim tão rápido que eu não sabia o que fazer com ela. Ela passou pelas minhas mãos, pelos meus braços, quicou no meu peito e caiu bem no colo da minha filha, Katie.

Eu me joguei no meu assento ao lado dela, pasmado. "Papai, eu peguei uma bola de beisebol!" ela gritou de alegria. Eu não pude falar para ela, mas por dentro eu estava pensando, "Essa bola não é *sua*, querida, essa é a *minha* bola!"

Eu segurei a bola e fiquei só olhando para ela. Era real. Eu estava segurando. Deus havia me dado uma bola de beisebol.

Um senhor que estava sentado à minha frente, virou e disse, "Eu venho neste estádio toda semana por mais de trinta anos, e eu nunca peguei uma bola."

Eu não sei se a minha interpretação está correta, mas aqui está o que eu entendi com a bola. "Eu estou contigo. Eu estou por você. Eu te amo. Eu entendo onde você está. Eu amo a maneira que você está Me buscando. Não desista agora. Eu estou escrevendo uma história com a sua vida. Deixe-me completar o que eu comecei. Você tem uma esperança e um futuro."

Um dos meus filhos acabou com a bola em suas mãos, e eu especialmente gostei daquela parte da história. Porque a minha jornada, e tudo representado por aquela bola de beisebol, tem tudo a ver com o destino dos meus filhos – e os filhos deles.

Eu chamo aquela bola de meu "beijo do céu". Foi um sinal de Deus, diante da minha maior escuridão, da Sua afeição e boas intenções para a minha vida.

Essa história continua a energizar minha decisão – eu me recuso a abortar a história. Pela Sua graça, eu vou continuar a habitar no amor de Cristo e ser fortalecido em fé. Este não é o meu último capítulo.

Nem você viu o seu último capítulo, ainda. Persevere na graça de Deus e deixe Jesus concluir o que Ele está escrevendo. Que você possa sair dessa provação "perfeito e completo, sem falta de nada".

Amém!

Apêndice
Lições da Vida de Jacó

A vida de Jacó revela algumas perspectivas que eu não compartilhei anteriormente porque não queria interromper a métrica da história.

Espero que estas perspectivas, coletadas aqui de uma forma aleatória, sejam tão úteis para você como elas têm sido para mim.

Esperando em Deus

Jacó foi a única pessoa em Gênesis para falar sobre esperar em Deus. Enquanto profetizava sobre seus filhos, ele parou para exclamar, "Eu tenho esperado pela tua salvação, Ó SENHOR!" (Gn 49.18). A declaração aparece fora de lugar em seu contexto, mas quando você percebe como esperar era tão central na história de Jacó, ela faz sentido. Mesmo que isso tenha levado muitos anos, eventualmente ele viu o dia quando Deus enviou socorro do céu e o salvou.

Depois de Jacó, as Escrituras ficam praticamente em silêncio na disciplina do 'esperar em Deus' até a chegada de Davi.

Tudo isso ganhou vida nos escritos de Davi. A unção de salmista de Davi, que era abastecida por um lugar de meditação longa e amorosa na palavra, precisava de um despertar para a espera em Deus em Sua presença. Talvez não seja coincidência que, como o primeiro escritor das Escrituras a colocar um foco considerável na graça da espera, Davi gostava muito de Jacó. Davi menciona Jacó em seus escritos mais do qualquer outro patriarca.

Após Davi, o próximo autor bíblico a pegar a bandeira da espera em Deus foi Isaías. Isaías foi "o rei da espera". Seria coincidência que ele menciona o nome de Jacó quarenta e duas vezes? Tanto Davi como Isaías deram um profundo valor para Jacó como um exemplo para seguirmos.

"Esperar" é uma excelente palavra para resumir a vida de Jacó. É verdade que durante a sua longevidade de 147 anos, ele teve alguns momentos de toques de sinos. Mas a grande parte de sua história foi marcada pelos extensos períodos de espera em Deus. Breves momentos de atividade divina foram separados por vastas extensões de inatividade.

Na verdade, essa é uma das formas de Deus assinar. Ele separa Suas obras mais excelentes por períodos prolongados de um aparente silêncio. Depois quando Ele finalmente manifesta a Sua glória, ela brilha ainda mais extravagante. Considere o longo espaço entre cada uma das mais excelentes maravilhas de Deus: da criação até o dilúvio, até o êxodo, até o retorno do exílio, até a ressurreição de Cristo, e depois até a futura volta de Cristo. Há um longo tempo entre cada um dos seis poderosos eventos! São estes lapsos prolongados entre Suas grandes atividades que colocam o toque especial na maneira que Deus invade e redireciona a história da humanidade. O silêncio ensurdecedor dos tempos entre cada poderosa intervenção tem estrondado no decorrer da história nos tambores da expectativa, cheio de suspense.

As estações de espera, na verdade dá para Deus o lugar que Ele precisa para escrever a história. Aqueles que exigem uma resolução muito apressada podem perder a grandeza do que Deus estava querendo escrever. Ao tomar as coisas em suas próprias mãos prematuramente, você pode minar as bases sobre as quais Deus estava planejando escrever o seu último e lindo capítulo.

Porque desde a antiguidade não se ouviu, nem com ouvidos se percebeu, nem com os olhos se viu um Deus além de ti, que trabalhe para aquele que nele espera. (Is 64.4)

Conclusão: espere em Deus. Dê a Ele um material para trabalhar.

LUTANDO PARA SER UM PRÍNCIPE

Na luta com Cristo, Jacó pediu para Ele falar Seu nome.

Então disse: Não se chamará mais Jacó, mas Israel; pois como príncipe lutaste com Deus e com os homens e prevaleceste. E Jacó lhe pediu: Faze-me saber teu nome. E ele respondeu: Por que perguntas pelo meu nome? E abençoou-o ali. (Gn 32.28,29)

Jesus não disse Seu nome para Jacó. Mas se Ele tivesse dito, talvez tivesse falado "Israel". Porque Israel é um dos nomes de Cristo. Isso é visto em Isaías.

e me disse: Tu és meu servo; és Israel, aquele por quem hei de ser glorificado. (Is 49.3)

Esse versículo aparece no "cântico do Servo" de Isaías. O texto claramente indica que o Pai é o que fala, e que Ele está falando com Seu Filho, o Servo. O Pai, referindo-se ao Seu Filho, chama-o de Israel.

Israel significa "Príncipe com Deus". Verdadeiramente Jesus é o supremo Príncipe com Deus! Ele veste o nome gloriosamente. Jesus é o verdadeiro Israel de Deus. Para ser Israel, você deve estar em Cristo, porque Cristo é Israel.

Em Peniel, Jacó estava lutando com Israel! Quando Jesus deu a Jacó o nome Israel, Ele estava dando o Seu próprio nome.

Jacó realmente não entendia no momento, mas ele estava lutando pelo seu nome. "Se você for um Príncipe com Deus, Jacó, você terá que lutar pelo nome."

Conclusão: para vestir o nome que Cristo tem para você, não fique surpreso se você tiver que lutar por ele.

Abraão, Isaque e Jacó

Muitas vezes nas Escrituras, Deus se identificou como o Deus de Abraão, o Deus de Isaque e o Deus de Jacó (Êxodo 36).

Deixe-me explicar uma razão pela qual essa designação é significante para mim, pessoalmente. Ela me ajuda a definir quem eu sirvo.

No mundo de hoje de múltiplos deuses, eu considero sábio identificar com precisão a que Deus eu sirvo. Eu sirvo o Deus de Abraão, mas eu preciso ser mais específico porque Abraão teve muitos filhos (1Cr 1.32). Eu não sirvo o Deus de Ismael (um dos filhos de Abraão), mas o Deus de Isaque. Mas mesmo isso não é preciso o suficiente porque Isaque teve dois filhos, Esaú e Jacó. Eu não sirvo o Deus de Esaú, mas o de Jacó.

Ainda, isso não é específico o suficiente no mundo de hoje porque duas grandes religiões no mundo (judaísmo e cristianismo) traçam suas raízes para Jacó. Eu sirvo o Deus que deu a Jacó o nome de Israel. Em outras palavras, eu sirvo o Deus e Pai de Jesus Cristo.

Sim, eu posso falar para você exatamente que Deus eu sirvo. Meu Deus é o Deus de Abraão, o Deus de Isaque, o Deus de

Jacó, e o Deus de Jesus de Nazaré (At 3.13). Para mim, não há outro.

Conclusão: sirva o único e verdadeiro Deus de Jacó: o Deus e Pai do nosso Senhor Jesus Cristo.

A Maneira Mais Difícil

Aprendemos com a vida de Jacó que algumas vezes Deus quer que as coisas aconteçam da maneira mais difícil. Deus poderia ter feito tudo tão mais fácil para Jacó, simplesmente dizendo-lhe, "Jacó, vá para o Egito". Deus guiou Abraão ao Egito, e Ele poderia ter simplesmente feito o mesmo com Jacó.

Mas ao invés, Deus pôs Jacó em aperto. Primeiro, ele perdeu José, depois ele perdeu Simeão, e o homem no Egito estava querendo Benjamim, na sequência. Acrescente a isso a profunda angústia pela fome. Toda a sua casa estava com fome! A combinação dos fatores de estresse colocou uma pressão no amado servo de Deus. Ele passou por todos os tipos de giros emocionais antes de ser finalmente apresentado à solução de ir ao Egito encontrar José.

Depois Jacó foi finalmente estabelecido no Egito. Eu posso imaginá-lo perguntando, "Senhor, por que o Senhor fez tudo tão difícil pra mim? Eu teria felizmente seguido a Sua voz. Tudo o que o Senhor precisava fazer era me dizer, 'Mude para o Egito'. Por que o Senhor fez acontecer na maneira mais difícil?"

A verdade é que Deus frequentemente conduz Seus favoritos da maneira mais difícil (o exemplo principal, com certeza, é a cruz de Cristo). Por quê? Porque Deus realiza muitas coisas em níveis múltiplos deixando a coisa acontecer da forma mais difícil. Ele usa a dificuldade para escavar corações e produzir um maior fruto eterno do que se um caminho mais fácil fosse tomado.

Conclusão: não se desespere se Deus permitir que uma porção da sua jornada aconteça da forma mais difícil.

Números Pares

Eu tenho notado que às vezes Deus usa números pares, ou números com uma associação significativa, para chamar atenção à importância da história de uma certa pessoa naquele momento. Deixe-me dar alguns exemplos.

Enoque andou com Deus por 365 anos, e depois Deus o tomou (Gn 5.24). Por que Deus não o tomou na idade de 364 ou 366? Deus esperou até Enoque ter precisamente 365 por causa do significado do número. Esse número em si mesmo era uma mensagem de Deus: "Eu quero andar com o homem 365 dias do ano em comunhão ininterrupta."

Deus esperou para mandar o dilúvio até que Noé tivesse precisamente seiscentos anos (Gn 7.6). Por que o número par? Para indicar que o tempo de Deus não estava baseado num calendário no céu, mas no calendário da vida de Noé. Através da sua fé e justiça, Noé se tornou um relógio e um cronômetro para a sua geração, dos movimentos celestiais na Terra. Isso ressaltou o significado de Noé como o homem à altura pelo meio do qual Deus estava escrevendo a história da humanidade.

Quantos anos tinha Abraão quando Isaque nasceu? Cem anos. O número par nos prende. Ele nos diz: "Olhe para Abraão. Ele é Meu. O que eu estou fazendo com ele agora é muito importante."

A vida de Moisés se dividiu em três períodos de quarenta anos. O tempo do êxodo e a entrada na terra prometida foi calibrado para a vida de um homem, Moisés, 40, 80, 120 anos. A ênfase desses números pares ressaltou a importância de Moisés no plano redentivo de Deus.

Deus esperou para guiar Israel fora do Egito até que o seu êxodo completasse precisamente 430 anos do dia em que Deus havia falado para Abraão (Êx 12.41). Essa era a forma de Deus dizer, "Isso é propositual. Preste atenção."

Muitos homens são enfatizados na Bíblia, fazendo momentos significantes acontecerem quando eles tinham trinta anos de idade. Aos trinta anos, José saiu da prisão para o palácio; Davi se tornou o rei de Judá; Deus visitou Ezequiel (Ez 1.1); o ministério de João Batista iniciou-se. Com bastante frequência Deus alinha todas as coisas na Terra para a linha do tempo do Seu servo, para que ele literalmente se torne o calendário de Deus.

Agora, aqui está como este princípio se aplica em Jacó. A Bíblia faz questão de assinalar que quando Deus trouxe salvação para a vida de Jacó e trouxe ele de volta do Egito, Jacó tinha 130 anos (Gn 47.9). O número par tem o objetivo de nos alertar. Deus não o libertou com 131, mas com 130.

Nesta conjuntura na narrativa de Jacó, José tinha 39. Alguns leitores podem pensar que José era o personagem chave da história neste ponto, mas o uso dos números nos fala outra coisa. Se José fosse o personagem principal, Deus teria esperado mais um ano até que José completasse 40 e Jacó 131. Mas não, José tinha 39 e Jacó tinha 130. Os números por si mesmos, nos dizem quem é a pessoa principal naquele momento. Jacó é o homem. É a história dele que estamos contemplando.

Conclusão: esteja atento para as formas em que Deus usa números para dar ênfase à sua história.

Bençãos Geracionais Compostas

Jacó era desesperado para receber a benção do seu pai, Isaque. A intensidade do desejo de Jacó pela benção apontava para o seu significado. A benção que Isaque tinha para dar era poderosa e eternamente importante. Mas agora aqui está uma declaração impressionante de Jacó, como ele falou para os seus filhos.

As bênçãos de teu pai excederão as bênçãos de meus pais até a extremidade dos outeiros eternos. Elas estarão sobre a cabeça de José, sobre o alto da cabeça do que foi separado de seus irmãos. (Gn 49.26)

Jacó estava falando para os seus filhos, "Por mais que eu quisesse a benção do meu pai, eu tenho mais para dar do que ele. O que eu tenho para dar excede grandemente a benção do meu pai, tão alto quanto as colinas eternas".[13]

A implicação desta declaração é, "eu queria a benção do meu pai desesperadamente e dei o meu melhor para conseguir. Como vocês têm vivido suas vidas tem demonstrado o quanto cada um de vocês, por sua vez, têm desejado a benção que eu tenho para dar."

Ruben, o primogênito, obviamente não cobiçou a benção do seu pai. Você não dorme com a mulher do seu pai se você de fato quer receber a sua benção.

Dos doze filhos, José foi o que demonstrou o maior zelo para receber a benção do seu pai, então ele foi aquele que recebeu a maior porção.

Gênesis 49.26 (acima) mostra que Jacó havia se tornado um homem profundamente espiritual. O depósito de graça que ele era capaz de passar para os seus filhos era mais rico e mais profundo do que a graça em Abraão ou Isaque.

---

13 Isaías 58.13-14 também fala da herança que Jacó tem para seus filhos que creem, e que os capacita para "cavalgar nos altos da terra".

Conclusão: você tem mais para dar aos seus filhos do que seus pais lhe deram. O seu pináculo se torna a plataforma dos seus filhos.

Uma Unção do Avô

Quando José trouxe seus dois filhos para Jacó abençoar, Jacó cruzou seus braços, colocando sua mão direita no neto mais novo.

Vendo, pois, José que seu pai punha a mão direita sobre a cabeça de Efraim, foi mau aos seus olhos; e tomou a mão de seu pai, para a transpor de sobre a cabeça de Efraim à cabeça de Manassés. José disse a seu pai: Não assim, meu pai, porque este é o primogênito. Põe a mão direita sobre sua cabeça. Mas seu pai o recusou e disse: Eu sei, filho meu, eu sei. Também ele será um povo e será grande. Contudo, seu irmão menor será maior que ele, e sua semente será uma multidão de nações. Assim, os abençoou naquele dia, dizendo: Por ti Israel abençoará e dirá: Deus te ponha como Efraim e como Manassés. E pôs a Efraim diante de Manassés. (Gn 48.17-20)

José estava pensando analiticamente. Ele pensou ser apropriado ao seu pai colocar sua mão direita sobre o seu primogênito. Jacó, entretanto, estava agindo no espírito, não na sua mente. No Espírito, Jacó percebeu uma grande herança para o mais novo, Efraim.

O avô tinha maior clareza sobre o chamado e destino dos filhos do que o pai. Onde a visão de José estava embaçada, Jacó podia ver.

Não era incomum nas Escrituras os pais terem falta de discernimento em relação aos seus filhos. Por exemplo, Isaque favoreceu Esaú, mesmo que Jacó fosse a escolha de Deus. Jessé favoreceu seus filhos mais velhos, mesmo que Davi fosse a escolha de Deus. José favoreceu Manassés quando Efraim era a escolha de Deus. Ideias preconcebidas podem cegar um pai de reconhecer precisamente a graça e a unção que repousa sobre um certo filho. É aí onde a percepção de um avô piedoso pode completar a figura.

Conclusão para os avós: peça para Deus uma unção no Espírito Santo para profetizar o destino dos seus netos.

A intimidade Torna Pessoal

No fim da sua vida, Jacó fez uma declaração que é fácil passarmos despercebidos e não absorvê-la completamente. Jacó pronunciou estas palavras no contexto de sua benção sobre seu filho, José.

Seu arco, porém, susteve-se no forte, os braços de suas mãos foram fortalecidos pelas mãos do valente de Jacó (de onde é o pastor e a pedra de Israel). (Gn 49.24)

Nesse versículo, Jacó descreveu Deus como "o Deus Poderoso de Jacó". Essa é uma afirmação muito ousada. Foi uma forma muito assertiva de dizer, "Ele é o meu Deus".

Se eu fosse usar a mesma linguagem, eu diria, "Ele é o Deus Poderoso do Bob". Vá em frente, insira o seu próprio nome aí. Você tem a convicção – a propriedade – para chamá-Lo de o Deus do/da (insira o seu nome)?

Eu me pergunto que tipo de intimidade e convicção repousava no peito de Jacó quando ele falou aos seus filhos "o Deus Poderoso de Jacó". A convicção por trás dessa declaração veio como resultado da salvação de Deus em sua vida. Deus mostrou Sua salvação, trazendo de volta o José, o Simeão e o Benjamim para ele, e provendo abundantemente para a sua família em Gósen. Foi quando Jacó percebeu o quão aplicado Deus era pessoalmente no relacionamento com ele.

Quando Deus tocou-lhe no quadril, Jacó levou para o pessoal, depois quando Deus restaurou as perdas de Jacó, Jacó percebeu que toda a história era profundamente pessoal para Deus, também. A afeição entre eles era torrencial. Era tudo a ver com amor e lealdade.

Estou pedindo a Deus para terminar a minha história de tal maneira que no fim da minha corrida eu possa ser capaz de dizer aos meus filhos, como Jacó, sobre "o Deus do Bob".

Conclusão: permaneça na história e quando o último capítulo for concluído, será muito pessoal para você, também.

Gostou?

Você foi abençoado por este livro? A leitura desta profunda obra foi uma experiência rica e impactante em sua vida espiritual?

O fundador da Editora Atos, que publicou este exemplar que você tem nas mãos, o Pastor Gary Haynes, também fundou um ministério chamado *Movimento dos Discípulos*. Esse ministério existe com a visão de chamar a igreja de volta aos princípios do Novo Testamento. Cremos que podemos viver em nossos dias o mesmo mover do Espírito Santo que está mencioado no livro de Atos.

Para isso acontecer, precisamos de um retorno à autoridade da Palavra como única autoridade espiritual em nossas vidas. Temos que abraçar de novo o mantra *Sola Escriptura*, onde tradições eclesiásticas e doutrinas dos homens não têm lugar em nosso meio.

Há pessoas em todo lugar com fome de voltarmos a conhecer a autenticidade da Palavra, sermos verdadeiros discípulos de Jesus, legítimos templos do Espírito Santo, e a vermos o amor ágape, como uma família genuína. E essas pessoas estão sendo impactadas pelo *Movimento dos Discípulos*.

Se esses assuntos tocam seu coração, convidamos você a conhecer o portal que fizemos com um tesouro de recursos espirituais marcantes.

Nesse portal há muitos recursos para ajudá-lo a crescer como um discípulo de Jesus, como a TV Discípulo, com muitos vídeos sobre tópicos importantes para a sua vida.

Além disso, há artigos, blogs, área de notícias, uma central de cursos e de ensino, e a Loja dos Discípulos, onde você poderá adquirir outros livros de grandes autores. Além do mais, você poderá engajar com muitas outras pessoas, que têm fome e sede de verem um grande mover de Deus em nossos dias.

Conheça já o portal do Movimento dos Discípulos!

www.osdiscipulos.org.br